毒品预防
教育知识

王顺安 / 著

中国华侨出版社
·北京·

图书在版编目（CIP）数据

毒品预防教育知识 / 王顺安著. -- 北京：中国华侨出版社，2023.2（2024.9重印）
ISBN 978-7-5113-8933-6

Ⅰ.①毒… Ⅱ.①王… Ⅲ.①禁毒—中国—通俗读物 Ⅳ.①D669.8-49

中国版本图书馆CIP数据核字（2022）第231097号

● 毒品预防教育知识

著　　者	王顺安
出 版 人	杨伯勋
责任编辑	张　玉
插画设计	杨其眉
封面设计	何洁薇
经　　销	新华书店
开　　本	710毫米×1000毫米　1/16　印张/ 10.5　字数/ 135千字
印　　刷	天津睿意佳彩印刷有限公司
版　　次	2023年2月第1版
印　　次	2024年9月第3次印刷
书　　号	ISBN 978-7-5113-8933-6
定　　价	34.80元

中国华侨出版社　北京市朝阳区西坝河东里77号楼底商5号　邮编：100028
发行部：（010）64443051　　传　真：（010）64439708
网　　址：http://www.oveaschin.com　　E-mail：oveaschin@sina.com

如发现印装质量问题，影响阅读，请与印刷厂联系调换。

前　言

当前，全球毒品问题仍处于加剧扩散期，一些国家和地区的毒品问题持续泛滥，制造、贩卖、滥用毒品问题严重，毒品来源、吸毒人员、毒品种类不断增多，毒品问题已成为全球性的社会顽疾。在毒品问题全球化的大背景下，中国毒品形势依然严峻复杂，境外毒品渗透不断加剧，国内制毒问题日益突出，毒品滥用问题比较严重，对社会危害更加严重。

近几年来，全国吸毒人员总量缓慢下降，以海洛因为主的阿片类毒品滥用人数增势放缓，以冰毒、氯胺酮等为主的合成毒品滥用人数增多，滥用新精神活性物质、致幻剂的人数增速加快，呈现出传统毒品、合成毒品、新精神活性物质、新型毒品叠加滥用特点，毒品滥用结构发生了很大的变化。

中国禁毒部门认真学习和贯彻习近平总书记关于禁毒工作重要指示精神和党中央、国务院决策部署，统筹推进禁毒工作，持续加大打击整治工作力度。全国的禁毒工作呈现出整体向好的态势，呈现毒品滥用规模和涉毒犯罪案件下降，境外毒品输入量和国内制毒量减少，国内毒品供应量和流通量降低，毒品走私和贩运问题得到遏制的良好态势。

——吸毒人员总量逐步减少。截至 2021 年底，全国共有吸毒人员 148.6 万名，同比下降 17.5%；新发现吸毒人员 12.1 万名，同比下降 21.7%。现有吸毒人数和新发现吸毒人数连续五年下降，毒品滥用治理成效持续显现，毒品预防教育工作的成效初显。

——毒品犯罪案件总量下降，网络贩毒案件占比增多。2021 年共破获毒品犯罪案件 5.4 万起，同比下降 16.3%；抓获犯罪嫌疑人 7.7 万名，同比下降 16.7%；缴获毒品 27 吨，同比下降 51.4%；查处吸毒人员 32.6 万人次，同比下降 23.6%。网络贩毒案件增多，2021 年破获网络贩毒案件 5000 起、抓获犯罪嫌疑人8000名、缴毒5000千克，分别占总数的9.2%、10.4%和2%。贩卖毒品向线上延伸，采用钱毒分付、人物分离交易模式，物流寄递等非接触式方式增多。

——毒品滥用种类多元并存，新型毒品滥用快速增长。在现有的吸毒人员中，滥用海洛因55.6万名、冰毒79.3万名、氯胺酮3.7万名、大麻1.8万名，海洛因、冰毒、氯胺酮等主流毒品的使用人数下降，分别下降19%、18.5%、9%。一些吸毒人员寻求麻醉、精神药品、非列管物质、用非惯用的新型毒品以满足毒瘾，滥用氟胺酮和合成大麻素人数增多，部分地区还发现吸食含依托咪酯、美托咪酯的"烟粉"和"烟油"、含天然阿片类物质的"卡痛叶"等新型毒品。

中共中央总书记习近平就禁毒工作作出重要指示，强调：禁毒工作事关国家安危、民族兴衰、人民福祉，毒品一日不除，禁毒斗争就一日不能松懈。要依法严厉打击毒品违法犯罪，加大重点地区整治力度，坚决摧毁制贩毒团伙网络，深挖涉毒黑恶势力及其"保护伞"，铲除毒品问题滋生蔓延的土壤。要坚持关口前移、预防为先，重点针对青少年等群体，深入开展毒品预防宣传教育，在全社会形成自觉抵制毒品的浓厚氛围。

毒品预防是整个禁毒工作的组成部分，毒品预防教育的目标是通过动员社会的一切有利资源，多形式向广大人民群众普及禁毒知识，将禁毒宣传教育与人民群众的日常生活相结合、与法制教育相结合、与正确的道德观相结合，确保毒品预防教育工作有效实施；要积极创建毒品预防工作机制，进一步完善毒品防控体系，实现毒品预防教育工作经常化、社会化，有效增强人民群众的防毒拒毒能力。

毒品蔓延迅速，吸、贩毒违法犯罪活动发展迅猛，毒品危害不断加剧，逐渐成为影响社会和谐稳定的重大消极因素之一。结合当前的社会现状，在我国开展有效的毒品预防教育，努力防止涉毒违法犯罪和刑事违法犯罪的发生，积极参与毒品斗争是每个公民不可推却的义务。

目 录

第一章 认识毒品

第一节 毒品概述 / 1
一、毒品的定义 / 1
二、毒品的特征 / 2
三、毒品的内涵与外延 / 4

第二节 常见的毒品种类 / 7
一、鸦片类毒品 / 8
　◎ 常见的天然鸦片类毒品 / 8
　◎ 常见的人工合成鸦片类毒品 / 11
二、大麻与大麻制剂 / 13
　◎ 大麻成分及其非法制品 / 13
　◎ 大麻植物形态鉴别 / 15
三、苯丙胺类毒品 / 16
四、可卡因类毒品 / 18
五、新型毒品 / 21

第三节 毒品的危害 / 28
一、毒品阻碍了政治经济的发展 / 28
二、毒品扭曲了人类文明的前进轨迹 / 29
三、毒品影响了健康和谐的社会生活 / 31

第四节 吸毒成瘾问题 / 41
一、吸毒成瘾的特征 / 41
二、吸毒成瘾的机理 / 42
　◎ 吸毒成瘾的过程 / 42
　◎ 不同种类毒品的成瘾机理 / 43
三、复吸问题 / 47
　◎ 复吸的个体原因 / 47
　◎ 复吸的环境原因 / 48
　◎ 干预复吸 / 50

珍爱生命　远离毒品

第二章 远离毒品

第一节 吸毒诱因 / 51

一、社会因素 / 52

二、家庭因素 / 53

三、个体因素 / 55

第二节 珍爱生命 远离毒品 / 65

一、摆脱毒品四步法 / 65

◎ 拒绝毒品的诱惑 / 65

◎ 摆脱毒瘾 / 71

◎ 保持身体健康 / 74

◎ 寻找治疗方法 / 76

二、远离毒品，做到"十不要" / 77

第三节 戒毒治疗 / 79

一、主要的戒毒方法 / 79

二、我国主要的戒毒模式 / 80

◎ 自愿戒毒 / 80

◎ 社区戒毒 / 83

◎ 强制隔离戒毒 / 87

◎ 戒毒康复 / 90

三、戒毒"九不要" / 92

第四节 毒品与艾滋病 / 95

一、艾滋病概述 / 95

二、吸毒人群中艾滋病的预防 / 96

第三章 参与禁毒

第一节 毒品预防教育 / 99
一、毒品预防教育概述 / 99
　◎ 毒品预防教育的概念 / 99
　◎ 毒品预防教育的主体及对象 / 100
　◎ 毒品预防教育的内容与途径 / 100
二、中小学生毒品预防教育 / 101
三、大中专学生毒品预防教育 / 102
四、社区毒品预防教育 / 104
五、"无毒社区"概述 / 105

第二节 禁毒志愿活动 / 110
一、志愿者行动 / 110
二、禁毒青年志愿者及其组织 / 111
　◎ 禁毒志愿者概述 / 111
　◎ 禁毒志愿者的服务项目 / 112
　◎ 禁毒志愿者的权利 / 112
　◎ 禁毒志愿者的义务 / 113
三、禁毒宣传"六进"活动 / 113
四、国际禁毒日 / 115

第三节 社会组织参与禁毒 / 116
一、社会组织开展禁毒宣传教育工作的重要性 / 116
二、关于开展禁毒宣传教育的法律规定 / 117
　◎ 有关单位在禁毒宣传教育工作中的职责划分 / 117
　◎ 开展全民禁毒宣传教育的具体法律规定 / 120

第四节 群众参与禁毒 / 130
一、群众参与禁毒 / 130
二、整合禁毒资源,打好禁毒的人民战争 / 133

第四章 知晓法律法规

第一节 禁毒法律法规 / 139

一、我国禁毒法律法规 / 140

二、毒品犯罪的法律规定 / 142

三、我国《刑法》规定的毒品犯罪的罪名 / 143

◎ 走私、贩卖、运输、制造毒品罪 / 143

◎ 非法持有毒品罪 / 144

◎ 包庇毒品犯罪分子罪：窝藏、转移、隐瞒毒品、毒赃罪 / 145

◎ 非法生产、买卖、运输制毒物品、走私制毒物品罪 / 146

◎ 非法种植毒品原植物罪 / 146

◎ 非法买卖、运输、携带、持有毒品原植物种子、幼苗罪 / 147

◎ 引诱、教唆、欺骗他人吸毒罪；强迫他人吸毒罪 / 148

◎ 容留他人吸毒罪 / 149

◎ 非法提供麻醉药品、精神药品罪 / 149

四、我国有关禁毒的主要行政法规 / 150

五、毒　驾 / 155

第二节 禁毒国际公约 / 158

一、《1961 年麻醉品单一公约》/ 158

二、《1971 年精神药物公约》/ 159

三、《联合国禁止非法贩运麻醉药品和精神药品公约》/ 160

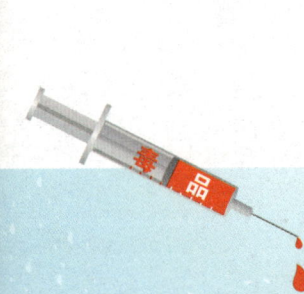

珍爱生命 远离毒品

第一章　认识毒品

第一节　毒品概述

一、毒品的定义

一提起毒品，大家似乎都有这样一个模糊的概念：毒品就是鸦片、海洛因、冰毒等让人成瘾并对人体健康产生危害的物质。这样的认识还不够全面，那么，到底什么是毒品呢？

通俗地说，毒品泛指可以对人体造成伤害的化学物质、毒物、毒剂，在日常生活口语中特指被人类当作嗜好品所滥用的功能性药物，多为精神药品或麻醉药品，因滥用这类药品会损害身心健康，所以中文称之为毒品。1990年，全国人大常委会《关于禁毒的决定》第1条首次对毒品下了定义：毒品是指鸦片、海洛因、吗啡、大麻、可卡因以及国务院规定管制的

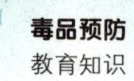

其他能够使人形成瘾癖的麻醉药物和精神药品。1997年3月，我国第八届全国人民代表大会对《中华人民共和国刑法》进行了修订。其中对毒品的定义是这样的："毒品是指鸦片、海洛因、甲基苯丙胺（冰毒）、吗啡、大麻、可卡因以及国家规定管制的其他能够使人形成瘾癖的麻醉药品和精神药品。"与1990年的《关于禁毒的决定》相比，新增加了甲基苯丙胺（冰毒）。

国家规定管制的其他能够使人形成瘾癖的麻醉药品和精神药品也属于毒品。2013年，我国的《麻醉药品及精神药品品种目录》中列明了121种麻醉药品和149种精神药品。2021年7月1日，整类列管合成大麻素类物质、新增列管氟胺酮等18种新精神活性物质后，我国管制毒品将包括449种麻醉药品和精神药品（121种麻醉药品、154种精神药品、174种非药用类麻醉药品和精神药品）。

二、毒品的特征

1. 依赖性

通常来说，毒品都具有一定的医用价值，如果正常使用，它就属于药物，而不是毒品。但是这些物质与其他药物最大的不同就是它们可以让使用者产生心理和生理依赖，从而导致滥用的结果。毒品的身体依赖是指中枢神经系统对长期使用的药物所产生的一种身体上的适应与依赖的状态，如果停止使用该药，就会感觉全身不适，因此，必须不停用药才能保持身体平衡；心理依赖是指毒品进入人体后作用于人的神经系统，使吸毒者出现一种渴求用药的强烈欲望，从而驱使吸毒者不顾一切地寻求和使用毒品。

2. 危害性

某些成瘾性药物之所以被称为毒品，关键就在于它具有危害性。毒品的危害性主要表现在生理、心理和社会三个方面。

首先，毒品的生理危害是指用药者为了避免戒断反应，就必须定时用药，并且不断加大剂量，并最终离不开毒品。另一方面，毒品对人的神经、大脑、呼吸、消化和心血管及肌肉等重要脏器、系统或组织有很大的毒性，所以在吸食期间或戒断后一段时间内，吸毒者的身体会出现不同程度的中毒反应，有时甚至危及生命。

其次，毒品的心理危害是指即使吸毒者经过脱毒治疗，在急性期戒断反应基本控制后，使用者在心理上仍然保持一定的觅药渴求，要想完全康复原有生理机能往往需要数月甚至数年的时间。心理依赖会改变吸毒者的生活方式、性格特点、心理素质和意志行为，从而导致一系列非常态行为乃至危害行为的发生。

最后，毒品的社会危害主要表现为以下三个方面。第一，吸毒会减少国家财政收入，增加财政开支负担；第二，吸毒会带来各种社会犯罪问题，尤其是因贩毒活动而形成的犯罪集团和黑社会组织，以及由此引发的暴力、凶杀、贿赂和洗钱等犯罪活动；第三，吸毒还会造成传染病的感染、传播与流行，尤其是艾滋病的感染和传播，具有严重的社会危害性。

3. 非法性

毒品的本质特征是非法性，即毒品是法律明文规定禁止滥用的能够使人形成瘾癖的麻醉药品和精神药品。到目前为止，我国现行涉及毒品管制的法律、法规主要有《刑法》《关于禁毒的决定》《治安管理处罚法》《药品管理法》《麻醉药品管理法》《精神药品管理法》等；另外，我国还加入了关于禁毒的国际公约组织。我国政府有关部门还对制造上述管制药品的原植物和原料种植、加工、生产等一系列环节制定了严格的计划和措施，以确保麻醉药品和精神药品的正确的医疗用途，坚决禁止任何非法行为。

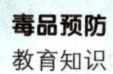

三、毒品的内涵与外延

1. 毒品的内涵

毒品的内涵具有自然属性、社会属性、法律属性。

（1）自然属性

毒品的自然属性包括药用性和成瘾性。毒品的药用性最直接的体现：在医疗活动中对杜冷丁（哌替啶）等麻醉药品的广泛运用；可卡因、麻黄碱等在感冒、止咳药中的使用。成瘾性，即能够形成瘾癖，成瘾癖即重复吸食毒品而产生的生理和心理的双重依赖状态，它是确定是否违法的基础。无论哪种药品或物质，如果不能形成瘾癖，都不能称为毒品，比如砒霜有剧毒，只需少量便可致人死亡，但是它不具有成瘾性，因此它被排除在毒品的范围之外。

（2）社会属性

毒品的社会属性包括有益性和有害性。毒品的有益性主要取决于对毒品药用性的合理利用，毒品合理用于医疗目的就是药品，反之违反法律规定生产、使用的就是毒品，如可卡因、杜冷丁。但是，需要注意的是，不是所有毒品都有药用价值，很大一部分毒品是没有任何药用价值，如海洛因、大麻、冰毒及摇头丸。

毒品的有害性主要是指毒品成瘾性的滥用。毒品的有害性主要表现为对个人、家庭、社会有害，并且它对自然环境也有害。毒品有害个人健康，吸毒破坏人体的正常生理机能和新陈代谢并导致多种疾病，机体免疫力下降，吸毒过量还会造成死亡；毒品损害家庭和睦、稳定，吸毒容易导致倾家荡产、家破人亡、众叛亲离；毒品损坏社会风气。吸毒严重败坏社会风气，腐蚀人的灵魂，破坏社会道德；毒品损坏自热环境。联合国世界毒品问题报告指出，由于开荒种植毒品，破坏了大片的原生态植被；在制造可卡因、冰毒等过程中排放的有毒物质和废水，破坏了自然资源，污染了生态环境，使水生动物、植物大量死亡。

（3）法律属性

毒品是在法律上国家予以管制的对象，非法性即是它的特征，也是它的法律属性。凡违反有关法律规定，用于非医疗、科研目的而制造、运输、销售使用麻醉药品和精神药品的，这些药品就是毒品，相关的行为就是非法行为，将受到法律的制裁。

2. 毒品的外延

从历史发展来看，毒品的外延是一个从窄到宽的过程。清朝初期，毒品主要是指种植罂粟后制造成的鸦片。到了清朝同治年间，吗啡开始在东南沿海流行，后来逐渐向全国蔓延。到了清末，海洛因作为鸦片的替代品，在全国多地出现，它比鸦片、吗啡更容易上瘾，对身体的伤害也更大。因此，清朝时期的毒品主要是指鸦片、吗啡、海洛因。

到了民国时期，《禁烟治罪暂行条例》和《禁毒治罪暂行条例》颁布，其中"烟"指的是"鸦片、罂粟及罂粟种子"；"毒"指的吗啡、海洛因及用它们和其他物质配合而成的各种毒丸。所以，民国时期的毒品是指"烟"和"毒"，毒品的外延有所扩大。

中华人民共和国成立初期，"毒品"的种类并没有发生变化。到了1990年12月，全国人大常委会颁布并实施《全国人民代表大会常务委员会关于禁毒的决定》，第1条对毒品作出了界定："本决定所称的毒品是指鸦片、海洛因、吗啡、大麻、可卡因以及国务院规定管制的其他能够使人形成瘾癖的麻醉药品和精神药品。"毒品的外延进一步扩大，除了传统毒品外，部分麻醉药品和精神药品也被纳入毒品范畴。2008年，《中华人民共和国禁毒法》颁布，并且对毒品进行了解释性规定，把甲基苯丙胺（冰毒）列为毒品，甲基苯丙胺合成毒品被纳入到了禁毒的范畴，扩大了毒品的外延。2005年，国家禁毒办在《新型毒品防范手册》中对新型毒品作如下界定："所谓新型毒品是相对于鸦片、海洛因等传统毒品而言，主要是指人工化学合成的致幻剂、兴奋剂类毒品，是由国际禁毒公约和我国法律法规所规定管制的、直接作用于人的中枢神经系统，使人兴奋或抑制，连续使用能使人产生依赖性的精神药品。"

2005年8月，国务院发布《麻醉药品和精神药品管理条例》后，2005年11月，原国家食品药品监督管理局、公安部、原卫生部联合发布2005年版"麻醉药品和精神药品品种目录"，其中麻醉药品121种，第一类精神药品52种，第二类精神药品78种，共计251种，之后又有不少麻醉和精神药品列管，这也使得毒品的外延继续扩大。

进入21世纪，新精神活性物质在欧美等国泛滥，并开始传入我国。2015年9月，公安部、原国家卫生和计划生育委员会、原国家食品药品监督管理总局、国家禁毒委员会办公室联合发布《非药用类麻醉药品和精神药品列管办法》，并同步发布《非药用类麻醉药品和精神药品管制品种增补目录》。该办法所称的非药用类麻醉药品和精神药品是指未作为药品生产和使用，具有成瘾性或成瘾潜力且易被滥用的物质。2017—2018年，我国先后3次发布公告增列40种新精神活性物质列入《非药用类麻精药品管制品种增补目录》；2019年4月，公安部、国家卫生健康委员会和国家药品监督管理局发布公告将芬太尼类物质列入非药用类麻醉药品和精神药品管制品种增补目录；2021年7月；氟胺酮等18种物质列入增补目录。被列管的新精神活性物质，通俗易懂地讲它就是毒品，是属于被国家严格管制的物品。新精神活性物质不仅"新"，而且相比传统毒品，其传播的范围更广，危害也大。那么，新精神活性物质的不断被列管，也意味着毒品外延的持续扩大。

第二节 常见的毒品种类

毒品种类很多，范围很广，分类方法也不尽相同。

首先，从毒品的来源看，可分为天然毒品、半合成毒品和合成毒品三大类。天然毒品是直接从毒品原植物中提取的毒品，如鸦片；半合成毒品由天然毒品与化学物质合成而得，如海洛因；合成毒品完全用有机合成的方法制造而成，如冰毒。

其次，从毒品对人中枢神经产生的作用看，可分为抑制剂、兴奋剂和致幻剂等。抑制剂能抑制中枢神经系统，具有镇静和放松的作用，如鸦片类；兴奋剂能刺激中枢神经系统，使人产生兴奋，如苯丙胺类；致幻剂能使人产生幻觉，导致自我歪曲和思维分裂，如麦司卡林。

再次，从毒品的自然属性看，可分为麻醉药品和精神药品。麻醉药品是指对中枢神经有麻醉作用，连续使用易产生生理依赖性的药品，如鸦片类；精神药品是指直接作用于中枢神经系统，使人兴奋或抑制，连续使用能产生依赖性的药品，如苯丙胺类。

最后，从毒品流行的时间顺序看，可分为传统毒品和新型毒品。传统毒品一般指鸦片、海洛因等阿片类流行较早的毒品；新型毒品相对传统毒品而言，主要指冰毒、摇头丸、神仙水、合成大麻素等人工化学合成的致幻剂、兴奋剂类毒品和管制类精麻药品。冰毒、摇头丸在我国主要从20世纪末、21世纪初开始在歌舞厅等娱乐场所中流行；近些年，神仙水、合成大麻素、氟胺酮等新型毒品开在青年群体中开始流行。

一、鸦片类毒品

鸦片，又叫阿片，俗称大烟，是将罂粟未成熟的种子荚割开后，所渗出的白色乳汁干燥凝固的产物。罂粟是一种一年生或两年生草本植物，0.9~1.2米高，长有直径10~13厘米的花朵，花色有白色、粉色、红色、紫红色或紫色。鸦片只能在罂粟生长期中很短的日子里，即在花瓣凋谢之后和种子荚果成熟之前生产和收割。

☆ 罂粟

◎ **常见的天然鸦片类毒品**

1. 生鸦片

生鸦片是将成熟的罂粟果切开，渗出乳白色浆汁，此浆汁在空气中由于氧化作用变成棕褐色，即为生鸦片。

第一章　认识毒品

☆ 罂粟果

2. 熟鸦片

熟鸦片也称为精致鸦片，它是将生鸦片用水浸泡后加热，经过滤去除杂质，将剩下的滤液蒸发至沥青状，在空气中晾干，凝固成深褐色块状，即为熟鸦片。

吸毒方式

烟斗抽吸、静脉注射、吞服。

吸食鸦片的基本工具有烟签、烟灯和烟枪等，一般是将生鸦片用锅在文火上熬成可以用烟签挑起来的膏状物，即熟鸦片，再通过烟枪吸进呼吸道。吸毒人员中烟瘾不大者每天吸食10~20次，重者每天百余次；或把鸦片溶于水中直接用针进行静脉注射，而静脉注射成为艾滋病传播的主要途径之一；鸦片也可以直接吞服，但吞服起效时间较迟，其效应不那么强烈，但维持时间较长。当吸毒者经济拮据无法购买其他较贵的毒品时，大多数人会选择自己种植罂粟，自己加工鸦片。而吸食方式经常使用直接吞服，用他们的话讲，"自种鸦片吸比吸纸烟红塔山还便宜"。另外，有些吸食鸦片已成瘾癖的中老年人，他们不会再吸食其他毒品。

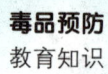

中毒症状

鸦片作为药物使用，长期或过量使用，则会造成药物依赖性；作为毒品吸食，会对人体健康产生难以挽回的损害甚至造成死亡。吸食鸦片后会出现欣快感、无法集中精神、产生梦幻现象，导致高度的心理及生理依赖性，长期使用后停止则会发生药物渴求、不安、流泪、流汗、流鼻水、易怒、发抖、寒战、打冷战、厌食、便秘、腹泻、身体蜷曲、抽筋等戒断症。云南的一项调查表明，吸毒者走出戒毒所以后，复吸率在80%以上。过量使用鸦片则会造成急性中毒，症状包括昏迷、呼吸抑制、低血压、瞳孔变小，严重的会引起呼吸抑止，致人死亡。长期使用还能破坏内分泌和免疫系统功能，使吸毒者的抵抗力大大降低。由于不洁注射，还会引起局部和全身感染，如脓肿、肝炎和艾滋病等。

识别方法

新鲜的生鸦片有弹性，有类似氨味或陈旧尿液味，味苦。长时间放置的生鸦片因水分的散失而呈棕褐色硬块，形状不一，常以球状、饼状、砖状进行贩运或出售。熟鸦片是用水浸泡加热混合而成的，手感光滑柔软，味道略苦，次于生鸦片。

3. 吗 啡

吗啡是从鸦片中分离出来的一种生物碱，在鸦片中含量10%左右，具有镇痛、催眠、止咳、止泻等作用，吸食后会产生欣快感，比鸦片容易成瘾。长期使用会引起精神失常、谵妄和幻想，过量使用会导致呼吸衰竭而死亡。历史上，它曾被用作精神药品戒断鸦片，但由于其副作用过大，最终被定为毒品。吗啡多以盐酸盐的形式存在，主要包括精制吗啡、吗啡碱、吗啡片等。海洛因、杜冷丁、美沙酮等都是吗啡的衍生物。

吸毒方式

口服、抽吸、鼻吸或注射。滥用吗啡者多数采用注射的方法，在同样质量下，注射吗啡的效果比吸食鸦片强烈10~20倍。

中毒症状

使用之初有欣快感，无法集中精神，会产生梦幻现象。过量使用会造成急性中毒，症状包括昏睡、呼吸抑制、低血压、瞳孔变小。心理及生理会有依赖性，依赖后停药会发生渴求药物、不安、流泪、流汗、流鼻水、易怒、发抖、恶寒、寒战、厌食、腹泻、抽筋等戒断症状。

◎ 常见的人工合成鸦片类毒品

1. 海洛因

海洛因即二醋吗啡，鸦片毒品系列中最纯净的精制品，是目前我国吸毒者吸食和注射的主要毒品之一。1874年，英国化学家莱特（R.Wright）在吗啡中加入冰醋酸（醋酸酐）等物质，首次提炼出镇痛效果更佳的半合成化衍生物二醋吗啡，即海洛因。

吸毒方式

海洛因可用鼻嗅、吸食、皮下注射和静脉注射，其中后两种方法较常见。据测定，海洛因对人体的毒性是吗啡的5倍以上，吸食两次后，大多数情况下都会使人上瘾，产生生理和心理依赖。

中毒症状

瞳孔缩小如针孔，皮肤冷而发黑，呼吸极慢，深度昏迷，呼吸中枢麻痹，衰竭致命。海洛因吸毒者极易发生皮肤细菌感染，如脓肿、败血症、破伤风、肝炎、艾滋病等，甚至会因急性中毒而死亡。

2. 杜冷丁

杜冷丁即盐酸哌替啶，是一种临床应用的合成镇痛药，其作用和机理与吗啡相似，但镇静、麻醉作用较小，仅相当于吗啡的 1/10~1/8。长期使

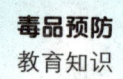

用会产生依赖性，被列为严格管制的麻醉药品。

吸毒方式

口服或皮下注射。

中毒症状

有头痛、头昏、出汗、口干、恶心、呕吐等，过量可致瞳孔散大、惊厥、心动过速、血压下降、呼吸抑制、昏迷等。杜冷丁连续使用可成瘾，连续使用1~2周便可产生药物依赖性。研究表明，这种依赖性以心理为主，生理为辅，但两者都比吗啡的依赖性弱。停药时出现的戒断症状主要有精神萎靡不振、全身不适、流泪流涕、呕吐、腹泻、失眠，严重者也会产生虚脱。一旦停药后则会产生相似于吗啡戒断后的戒断综合征。杜冷丁的滥用是我国当前所面临的毒品问题之一，据上海戒毒康复中心的调查，部分人依赖杜冷丁是从治疗某些疾病而逐渐上瘾的，但大多数吸毒者滥用杜冷丁只是为了追求感官刺激。

3. 美沙酮

盐酸美沙酮（简称美沙酮）为 μ 阿片受体激动剂，药效与吗啡类似，具有镇痛作用，并可产生呼吸抑制、缩瞳、镇静等作用。与吗啡比较，具有作用时间较长、不易产生耐受性、药物依赖性低的特点，是二战期间德国合成的替代吗啡的麻醉性镇痛药。20世纪60年代初期发现此药物具有治疗海洛因依赖脱毒和替代维持治疗的药效作用。

吸毒方式

口服或肌肉注射。

中毒症状

与吗啡类似，但相对较轻，使用过量时主要有头痛、眩晕、恶心、出汗、嗜睡、欣快、便秘、直立性低血压；具有成瘾性，长期使用应注意组织蓄积产生的过量中毒以及导致的药物依赖。美沙酮导致的药物依赖属中度至重度，表现为突然停药后出现阿片戒断症状；长期使用美沙酮的妊娠妇女，娩出的新生儿可出现戒断综合征，表现为震颤、肌肉强直、烦躁不安（啼哭）、呵欠、喷嚏、呕吐、腹泻等，可采取镇静和对症治疗。美沙酮过量可导致呼吸抑制，呼吸抑制主要表现为昏迷、呼吸变浅变慢、瞳孔缩小呈针尖状（严重呼吸抑制可因脑缺氧而散大）、血压下降，甚至休克，严重者可因呼吸抑制而死亡。

二、大麻与大麻制剂

大麻、海洛因以及可卡因是国际上被滥用的三大毒品。滥用大麻现象已在全球范围内普遍存在，造成了极其严重的公共卫生问题和社会问题。那么，大麻类毒品主要是以什么形式存在的呢？在生活中，我们又该怎样辨别呢？

◎ 大麻成分及其非法制品

1. 大麻成分

大麻是桑科一年生草本植物，分为有毒大麻和无毒大麻。无毒大麻的茎、秆可制成纤维，籽可榨油。有毒大麻主要指矮小、多分枝的印度大麻。这类大麻开花时植株顶部所含的树脂状物质中含有一类精神活性物质，被统称为大麻脂类物质，四氢大麻酚（THC）、大麻二酚、大麻酚等是主要的大麻脂类物质。其中，最主要的活性成分就是四氢大麻酚（THC）。

大麻植株的生长受气候、区域、温度、湿度等影响比较大，种类很多。大麻树脂和纤维的含量因其种类不同而有所差异。一般纤维型的大麻植株内含 THC 小于 0.3%，而毒品型的大麻植株内 THC 含量则远大于 0.3%。大麻脂类物质在大麻植株上的部位不同,含量也不相同,在花苞、花、叶、小茎、大茎、根和籽中的含量依次递减,花苞中 THC 含量可达到 11.4% 之高。

☆ 大麻叶

2. 大麻非法制品

大麻植物干品　大麻植物干品是由大麻植株或植株的部分经过晾晒后压制而成的,其中的主要精神活性成分四氢大麻酚(THC)的含量为 0.5%~5%。

大麻树脂　大麻树脂主要是由大麻的果实和花顶部,经压搓后渗出的树脂制成的,其中的四氢大麻酚(THC)含量为 2%~10%。

大麻油　大麻油是从大麻植株或大麻树脂中提炼出来的液态大麻物质,其中四氢大麻酚(THC)含量较高,为 10%~60%。

吸毒方式

吸毒者通常以香烟、雪茄、烟斗、烟枪的方式来摄入,大麻通常是用顶部的嫩叶、花苞和花顶部制成,吸食者将其卷在香烟中抽吸。有时大麻也可以烘烤成食品，或用来泡茶。

> **中毒症状**

抽吸大麻只需要数分钟至一刻钟就能出现中毒症状，咀嚼大麻30分钟后出现中毒症状，症状会持续2~3小时，毒性比口服大麻所产生的毒性大3倍多。低剂量会导致吸食者坐卧不安，感知倍增，随之进入松弛梦幻状态，常觉饥饿，尤喜吃甜食；高剂量则加剧反应，吸食者眼前梦境飘移，情绪快速波动起伏，思绪断断续续，障碍性飘忽不定，自我意识改变，记忆残缺，注意力迟钝，对空间、时间、距离、速度的判断发生偏差，视觉夸大，对声音敏感，情绪易走极端等，易被暗示。成人致死量为5~10毫克。

大麻的毒性主要作用于中枢神经，吸食后很快被吸收，随之很快会完全转化生成代谢物，分布于血液、脑、肝、脾、肺和心脏。肝脏中浓度降低最早（代谢形成），代谢物从尿和粪便中排出。长期吸食大麻可引起精神及身体变化，如情绪烦躁、反应迟钝、语无伦次、神情痴呆、身体免疫力与抵抗力下降等，同时，对驾车和复杂技术操作出现不协调，容易造成意外事故。

◎ 大麻植物形态鉴别

1. 叶 子

大麻植株的叶子为绿色、棕色或带有棕色斑点；带有独特的叶脉和锯齿边；顶部的叶子上带有钟乳体绒毛；叶子反面的绒毛长而尖；在叶子上喷洒一些经过稀释的盐酸，叶子会冒出气泡。

2. 种子"外壳"

种子"外壳"为绿色、棕色或带有棕色斑点；形状独特；表面上长有钟乳体绒毛及腺体绒毛。

3. 果　实

大麻的果实也即种子，为黄色或棕色，多带有斑点，呈卵形；种子外部包有一层龙骑的表皮，带有独特的花纹，胚乳为白色，像椰肉。

三、苯丙胺类毒品

苯丙胺类毒品是人工合成的兴奋剂，由不同的元素和原子团进行排列组合而成。如今，苯丙胺类毒品的种类越来越多，它们大多既有兴奋作用又有致幻作用。苯丙胺药物强烈的兴奋作用使它们刚应用于临床不久就开始被滥用。从1932年起就有人为寻求感官刺激而吸食苯丙胺，1996年11月25日，联合国禁毒署在上海召开的国际兴奋剂专家会议上，专家一致认为苯丙胺类兴奋剂将逐步取代20世纪流行的鸦片、海洛因、大麻、可卡因等常用毒品，成为21世纪全球范围滥用最为广泛的毒品。

最常见的苯丙胺类毒品为冰毒、摇头丸，新型的苯丙胺类毒品有麻古、丧尸药等。

冰毒即甲基苯丙胺，又称甲基安非他明、去氧麻黄素，为纯白色晶体，晶莹剔透，外观似冰，俗称"冰毒"，吸、贩毒者也称之为"冰"。该毒品小剂量吸食时有短暂的兴奋、抗疲劳作用，故其丸剂又有"大力丸"之称。

摇头丸是冰毒的衍生物，以苯丙胺类兴奋剂为主要成分，具有兴奋和致幻双重作用。摇头丸外观多呈片剂，五颜六色，服用后会产生中枢神经强烈兴奋，出现长时间剧烈摇头和妄动，在幻觉作用下常常引发性侵、自残与攻击行为，并可诱发精神分裂症及急性心脑疾病，精神依赖性强。

麻古，也称麻果、麻骨，系泰语的音译，实际是缅甸产的"冰毒片"，其主要成分是苯丙胺类兴奋剂和"咖啡因"。麻古的外观多为圆形、药片状，与摇头丸相似，通常呈玫瑰红、橘红、苹果绿等色，添加色素香料呈不同颜色和香味，上面印有R、WY、66、888等标记。服用麻果后会使人体中枢神经系统、血液系统极度兴奋，大量消耗人的体力和降低免疫功能。麻果具有很强的成瘾性，长期服用会导致情绪低落及疲倦、精神失常，损害心脏、肾和肝，严重者甚至死亡。

丧尸药是一种新型毒品，也称"浴盐"，它的主要成分为甲卡西酮，是一种苯丙胺类似物，一般为粉末状态或与水混合液体。长期滥用甲卡西酮会导致妄想、焦虑、震动、失眠、营养不良、周身疼痛等，严重者可造成不可逆的永久脑部损伤甚至死亡。

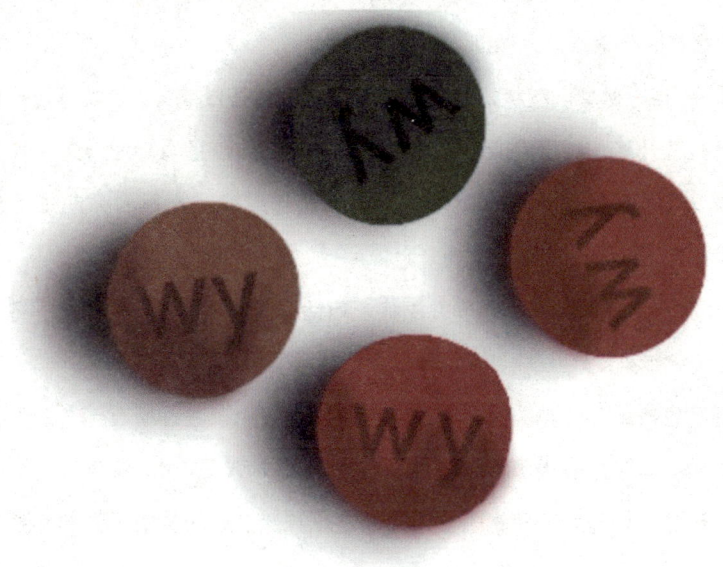

☆ 麻古

吸毒方式

冰毒有多种吸食方式，常见的主要有四种：与香烟同吸；口服（俗称"溜冰"）；鼻吸（俗称"追龙"）；静脉注射。丧尸药的吸食方式主要是鼻吸和口服。

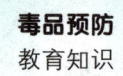

中毒症状

苯丙胺类兴奋剂具有强烈的中枢兴奋作用,滥用者吸食之后会处于强烈的兴奋状态,表现为:不吃不睡、活动过度、情感冲动、不讲道理、暴力倾向等。

长期使用苯丙胺会导致慢性中毒,慢性中毒可造成体重减轻和精神异常(即苯丙胺精神病,或称妄想障碍,出现幻觉、妄想状态,酷似偏执性精神分裂症)。当然,苯丙胺使用过量也会产生急性中毒,通常表现为以下几点:

(1)不安、头昏、震颤、话多、烦躁、出现偏执性幻觉或惊恐和腱反射亢进反应,有的会产生自杀或杀人倾向。

(2)出现心血管病症状,如头痛、寒战、面色苍白或发赤、心悸、心律不齐、心绞痛、血压升高、血压降低或循环性脱虚;还会出现肠胃功能障碍,如口干、口中有金属味道、厌食、恶心、呕吐、腹泻、腹部绞痛;严重的会产生惊厥、脑出血、昏迷致死。

(3)也会发生其他滥用感染并发症,包括肝炎、细菌性心内膜炎、败血症和性病、艾滋病等传染性疾病。

我国不生产苯丙胺类药物,也严禁在临床上使用。我国所有涉及苯丙胺类毒品的案件无一不与境外的贩毒集团有关。近几年来,我国广东、福建等地的公安机关破获了多起港、台毒品犯罪集团在大陆非法生产、走私和销售冰毒的案件,缴获了大量毒品、半成品及化学配剂,捣毁了设在我东南沿海省市的多个地下冰毒加工厂(点),给国际制、贩冰毒的犯罪活动以有力的打击。

四、可卡因类毒品

可卡因是一种高强度的兴奋剂,吸食后能够使中枢神经处于高度兴奋的状态。在引起中枢神经兴奋的同时,可卡因在消化系统中起逆向反应,胃液和胆汁的分泌都会受到抑制,这就是那些吸毒者饥饿感消失了的原因。同时,这种可卡因还有一种刺激作用,从而会减轻胃痉挛、风湿疼痛、头痛等多种症状和反应。

1. 古 柯

古柯是生长在美洲大陆、亚洲东南部及非洲等地的热带灌木,为南美洲的传统种植物。古柯树株高 1.5~3 米,生长周期为 30~40 年,每年可采摘古柯叶 3~4 次。古柯叶是提取古柯类毒品的重要物质,曾为古印第安人习惯性咀嚼,并被用于治疗某些慢性病,但很快其毒害作用就得到科学证实。从古柯叶中可分离出一种最主要的生物碱——可卡因。

☆ 古柯

2. 可卡因

可卡因俗称"可可精",学名苯甲酰甲醛芽子碱,是 1860 年德国化学家尼曼从古柯叶中提取的一种白色晶状的生物碱，其盐类呈白色晶体状，无气味，味略苦而麻，易溶于水和酒精，兴奋作用强，是强效的中枢神经兴奋剂和局部麻醉剂。可卡因能阻断人体神经传导，产生局部麻醉作用，并可通过加强人体内化学物质的活性刺激大脑皮层，兴奋中枢神经，表现出情绪高涨、好动、健谈，有时还有攻击倾向，具有很强的成瘾性。它对人体有三种作用：

（1）能阻断神经传导，产生局部麻醉作用，对眼、鼻、喉黏膜神经的效果尤其明显，因此在早期曾被作为麻醉剂广泛用于眼、鼻、喉等五官的外科手术中。但由于可卡因盐酸盐的不稳定性，表面局部麻醉会引起角膜混浊，因此现在临床上已经用新的、毒副作用更小的麻醉药取代了可卡因。

（2）可卡因通过加强人体内化学物质的活性刺激大脑皮层兴奋中枢神经，并继而兴奋延髓和脊髓，表现为情绪高涨、思维活跃、好动、健谈，能较长时间地从事紧张的体力和脑力劳动，甚至胜任繁重的、平时不能承担的工作。尤其危险的是服用可卡因具有一定的攻击性。

（3）可卡因能使呼吸加深、加快，换气量增大，同时心率也加快，心脏收缩力加强，血管平滑肌松弛，对肺血管、冠状动脉等全身血管都有程度不同的扩张作用，对支气管平滑肌、胆道和胃肠平滑肌也有一定的舒张效应。

吸毒方式

古柯一般放入嘴中咀嚼或将古柯叶放入烟斗中吸食。可卡因的吸食方式主要是：鼻吸、静脉注射、使用锡纸或者烟斗等烫吸。

中毒症状

可卡因对神经系统的兴奋作用仅能维持半个多小时，接着就转入抑制状态，出现口干、吞咽困难、恶心、呕吐、肠胃疼痛、腹泻等症状，严重者还会出现烦躁不安、精神恍惚、语言增多、疲倦、淡漠、瞳孔散大等症状，甚至达到意识不清和昏迷不醒的程度，还会伴有寒战、肌肉纤维颤动、强直性及阵挛性惊厥，如不及时抢救，可能引起呼吸、循环衰竭。吸食可卡因会产生很强的心理依赖性，长期吸食可导致精神障碍，也称可卡因精神病，易产生触幻觉与嗅幻觉，最典型的是皮下有如虫行蚁走，奇痒难忍，造成严重抓伤甚至断肢自残，情绪不稳定，容易引发暴力或攻击行为。长时间大剂量使用可卡因后突然停药，会出现抑郁、焦虑、失望、易激惹、疲惫、失眠、厌食。长期吸食者多营养不良，体重下降。古柯、可卡因类毒品属于兴奋剂，进入人体后能使脉搏、心率加快，血压及体温升高，精神亢奋，发生慢性中毒。

五、新型毒品

1. K 粉

K粉即"氯胺酮"，静脉全麻药，有时也可用作兽用麻醉药。白色结晶粉末，无臭，易溶于水。K粉通常在娱乐场所滥用，吸毒者在服用K粉后遇快节奏音乐便会强烈扭动。此外，K粉易让人产生性冲动，所以又称"迷奸粉"或"强奸粉"。

吸毒方式

K粉大多为鼻吸，也有液体注射，或溶于饮料口服。

中毒症状

吸食K粉会导致神经中毒反应、精神分裂症状，出现幻听、幻觉、幻视等，对记忆和思维能力造成严重的损害。吸食过量或长期吸食，可以对心、肺、神经都造成致命损伤，因而其对人体中枢神经的损伤比冰毒还厉害。

2. 咖啡因

咖啡因是化学合成或从茶叶、咖啡果中提炼出来的一种生物碱。它是一种中枢神经兴奋剂，能够暂时的驱走睡意并恢复精力。

☆ 咖啡果

吸毒方式

咖啡因主要是吸食、注射。

中毒症状

大剂量长期使用咖啡因，会对人体造成损害，引起惊厥、心律失常，并可加重或诱发消化性肠道溃疡，甚至导致吸食者下一代智能低下、肢体畸形，同时具有成瘾性，停用会出现戒断症状。

3. 三唑仑

三唑仑又名海乐神、酣乐欣，淡蓝色片，是一种强烈的麻醉药品。服用三唑仑后可以迅速使人昏迷晕倒，故俗称迷药、蒙汗药、迷魂药。也可溶于水及各种饮料。见效迅速，药效比普通安定药强 45~100 倍。

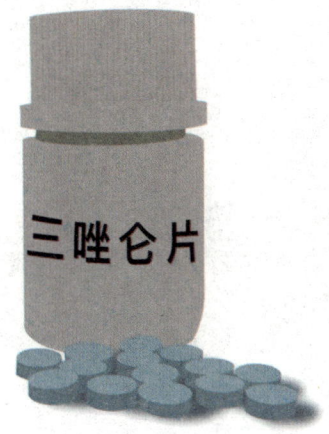

☆ 三唑仑

吸毒方式

口服，可以伴随酒精类共同服用。

中毒症状

过量服用三唑仑，可出现持续的精神错乱、严重嗜睡、抖动、语言不清、心跳异常减慢、呼吸短促或困难、严重乏力。

4. 合成大麻素

常见的合成大麻素类物质有 ADB-BUTINACA、MDMB-4en-PINACA、3,3- 二甲基丁酸等。合成大麻素的外观是小碎块或颗粒的茶叶、香草状，常见咖啡色或褐色，也有其它暗绿色或暗红色（可能添加了不同的色素）。

合成大麻素不依赖于大麻的种植，价格低廉、隐蔽性强、并且能产生更为强烈的兴奋、致幻等效果，该类制品多以香料、花瓣、烟草、电子烟油等形态出现，常见的毒品有娜塔莎、K2、"小树枝"、电子烟油。

吸毒方式

抽吸或泡水饮用。

中毒症状

吸食该类物质会出现头晕、呕吐、精神恍惚、致幻反应。长期吸食会导致心血管系统疾病以及精神错乱，同时也存在致癌的风险。过量吸食会出现休克、窒息甚至猝死等情况。

5. 神仙水

神仙水由 γ-羟基丁酸掺进饮料后混合而成的新型毒品。γ-羟基丁酸对中枢神经系统有强烈的抑制作用，目前是我国管制的第一类精神药品，其钠盐为白色粉末，易溶于水和酒精。

吸毒方式

通常将神仙水或其溶液掺入酒水、饮料、奶茶中饮用。

中毒症状

滥用神仙水会造成暂时性记忆丧失、恶心、呕吐、头痛、反射作用丧失，严重者会导致失去意识、昏迷甚至死亡。

6. 植物类新毒品

目前，比较常见的植物类新毒品有：恰特草、卡痛叶、鼠尾草。

恰特草一般以新鲜的植物出售,但也有卖干叶子和酒精提取物的。卡痛叶主要出售新鲜叶子或干叶粉末,具有类似吗啡的麻醉作用。鼠尾草一般以以种子或叶子出售。

☆ 恰特草

吸毒方式

咀嚼、口服、抽吸。

中毒症状

植物类新毒品具有强烈的兴奋和致幻作用,吸食后会引起偏执、焦虑、恐慌、被害妄想等反应。

7. 笑气

笑气,学名一氧化二氮,无色,微甜味,从鼻腔吸入后,会让人感到轻松、快乐、不自觉地发笑,吸食过量甚至会产生幻觉,所以被人称为"笑气"。"笑气"是一种国家列管的危险化学品,具有麻醉作用,长期吸食危害极大，被视为"软性毒品"。

吸毒方式

吸食。

中毒症状

吸食笑气会出现头晕、失去平衡、定向障碍、缺氧、心律失常、代谢性酸中毒、认知和记忆障碍；长期吸食可能导致晕厥、中枢神经系统损害、心律失常、肢体麻木；过量吸食，很可能导致窒息和缺氧死亡。

8. 氟胺酮

氟胺酮，学名是 a- 邻氟苯基 -2- 甲胺基 - 环己酮，外是白色结晶粉末状。氟胺酮俗称叫"烟粉"，顾名思义就是把氟胺酮粉末放入卷烟中，再点燃卷烟后吸入烟雾。

吸毒方式

主要是抽吸，也有将氟胺酮溶入饮料等液体或制成片剂以口服方式滥用，还有少数通过静脉注射、肌注等方式。

中毒症状

低剂量中毒时可造成注意力、学习能力和记忆力损伤；较高剂量使用时可导致梦幻状态和幻觉；高剂量使用时可引起精神错乱、记忆缺失、自伤自残自杀等行为。

9. 烟粉、烟油

2022 年 6 月 23 日，公安部发布的《2021 年中国毒情形势报告》中提到了在部分发现吸食含依托咪酯、美托咪酯的"烟粉"和"烟油"等毒品替代物质。依托咪酯、美托咪酯一般呈白色晶体粉末状或烟油形态，主要以添加在普通香烟烟丝内烤吸或勾兑在电子烟油中吸食；咪酯抽起来闻着有烧焦的汽车轮胎的焦臭味，吸食后会导致人出现上头，站立不稳、东倒西歪的状态。

☆ 烟油

吸毒方式

抽吸。

中毒症状

吸食烟粉、烟油容易出现腹痛、腹泻、恶心、呕吐、失眠、肌肉和骨骼疼痛、震颤和步态不稳；长期吸食会出现明显的躯体、意识和行为障碍，严重者还会出现昏迷、呼吸抑制、肺水肿、呼吸衰竭。

第三节　毒品的危害

毒品危害遍布全球，世界各国无一幸免。全球约有 2.75 亿人使用毒品，超过 3600 多万人患有吸毒障碍，有 1100 多万人注射毒品，其中一半人患有丙型肝炎，有十分之一的人感染了艾滋病毒。全球每年有超过 50 万人因为吸毒死亡，数百万人因吸毒丧失劳动能力。毒品的危害可以概括为"毁灭自己，祸及家庭，危害社会"，集中反映在政治、经济、文化、道德等社会领域。毒品问题牵扯到社会领域的方方面面，衍生出各种各样的社会问题。

一、毒品阻碍了政治经济的发展

1. 毒品对政治的影响

毒品问题关系民族的生存、国家的安危和社会的稳定。禁绝毒品是事关国家利益和民族命运的重大政治问题，有些涉及国际关系问题、民族宗教问题、种族人权问题和反恐问题等。随着毒品走私和贸易的日益扩大，贩毒集团试图寻找国家政治上和法律上的保护，他们利用贩毒收益，贿赂政府官员和司法官员，腐蚀政府机构，助长腐败蔓延。面对坚强的禁毒势力，他们甚至组织大规模的暗杀活动。为了保障毒品贸易的安全，有些贩毒集团还组织了强大的武装，配备了先进的武器、通信设备和交通工具，割据一方，抗拒政府清缴。这种武装割据，严重破坏了国家的稳定，造成了局势动荡不安。毒品常常用来作为反政府政治活动的工具，毒品"滋养"战争，战争又保护和加速毒品的泛滥。政局的长期动荡不安，与毒品恐怖主义和反政府暴力活动互为因果。目前，全球范围内以毒养恐、以毒养政、以毒养经、以毒养军等问题日益突出，这使得毒品问题更加错综复杂。

2. 毒品对经济的影响

在联合国毒品和犯罪问题办公室发布的《2021年世界毒品报告》中提到，毒品已经蔓延至五大洲的200多个国家和地区，全球估计有大约5.5%的15至64岁人口在过去一年中至少使用过一次毒品。虽然吸毒病症患者人数增多，但治疗干预措施的可用程度仍然很低。2019年，只有八分之一的吸毒病症患者接受了专业帮助，而每年有几十万人因吸毒丧命。全球毒品交易额达8000~10000亿美元，毒品导致的间接损失使全世界每年有数千亿美元的财富化为灰烬。

吸毒不仅消耗巨额财富，给社会经济造成巨大的损失，而且使人的体质下降，丧失正常的工作能力，从而降低劳动生产率，严重阻碍了生产力的发展。此外，吸毒还加重了各国政府的财政负担。为了遏制毒品犯罪和治理吸毒问题，各国政府每年都要拨出大量经费，投放大量物力和人力，用于打击毒品犯罪，进行毒品预防教育和帮助吸毒者戒断毒瘾，吸毒者的个人和家庭为了戒毒也要花费很多钱，这些都是难以用经济数据来衡量的损失。

毒品还导致一些国家经济畸形发展。南美和亚洲的某些国家，其经济很大程度上依赖于毒品产业，大规模的毒品原植物种植和加工，使其正常的工业和农业萎缩，使民族经济走上了畸形发展的道路。

二、毒品扭曲了人类文明的前进轨迹

毒品对人类文明的影响有的是可见的，有的则是潜在的。伴随着毒品产生的毒品文化，直接左右人的精神追求和价值取向，而吸毒对社会道德风尚的败坏，往往容易被人们所忽视。

1. 毒品文化对主流文化造成冲击

多元化的经济格局产生多元化的利益群体，造成了多元化的文化现象，毒品文化是一种游离于主流文化之外的病态亚文化。伴随着社会的发展，毒品文化渐渐成了毒品问题的载体，以各种各样的文化形式记录着毒品问题的进程。例如，"消费享乐""自我孤独""反主流""嬉皮士""雅皮士"和"极端个人权利"等这些美国历史上的社会文化都曾在不同时期受到毒品蔓延与泛滥的直接影响。从毒品种类、毒品交易到吸毒方式、吸毒用具，无不渗透着毒品文化。例如，"双狮地球""美人牌""骷髅牌""白龙珍珠""三角""鳄鱼""RN""土人"等毒品的产品系列化和品牌化，显示了贩毒势力对当今人类文明的凶恶挑战。

贫穷落后地区对鸦片药用价值的认识超过对其成瘾危害的认识，也容易造成吸毒、贩毒和种植毒品的问题。

新型毒品与娱乐文化的结合，更是现代社会多元文化的典型标志。以青少年为主的滥用者，追求快乐、动感、刺激的文化氛围，具备这些条件的娱乐场所也成为新型毒品的温床。

2. 涉毒行为降低了伦理道德的底线，形成消极的舆论氛围

从某种意义上讲，西方国家吸毒问题的泛滥是由20世纪60年代道德风尚的堕落引起的。从当时的吸毒者看来，吸毒完全是个人的自由，并不是什么丢人或违法或不道德的事，更不是什么不健康的习惯。正是因为有这种崇尚吸毒的道德风尚，许多人便想方设法获取和滥用毒品，以终日沉湎于毒品为乐，以大量滥用毒品为荣，还往往拉拢周围的人一起吸毒，千方百计地吸引新的入伍者。如果整个社会对吸毒问题的态度模棱两可，那么，更多的人则会认为吸毒并不违反社会道德风尚。

在吸毒者看来，吸毒既不是不良习惯，也没有违反道德行为规范，完全是个人自由选择的权利。为了获得毒品及毒资，他们可以对配偶不忠、对子女不养、对父母不孝、对社会不尽责任；他们丧失羞耻之心，精神空虚，成天沉湎毒品。因此吸毒不仅使人心理变态、人格扭曲、失去自尊、道德沦丧，而且严重污染社会环境，败坏社会风气，毁灭民族精神和社会公德，破坏精神文明建设。

近些年来，作为公众人物的演艺人员涉毒案件频频被曝光，嗑药、携毒等"黑色"事件在明星身上层出不穷，必然会影响到大众，尤其是视明星为榜样的青少年。

三、毒品影响了健康和谐的社会生活

毒品的使用和存在是与社会上绝大多数人的价值观念和行为准则相抵触的，毒品问题可以被看作使用毒品的个人和贩毒者与大多数社会群体之间发生的社会冲突，这种冲突导致了社会秩序的失衡，出现了公共卫生、违法犯罪、教育等一系列社会问题。

1. 生理危害

我国登记在册的吸毒人员中，80%的人患有各种传染病。吸毒会损害中枢神经系统，导致神经组织发生突发性下肢瘫痪、横断性脊髓炎、末梢神经炎等病理性改变；吸毒还会损害心血管系统，引发中毒性心肌炎、心律失常、心包炎、静脉和动脉并发症等；吸毒还会损害呼吸系统，除去通过呼吸途径吸食毒品导致的鼻中隔穿孔、呼吸抑制、肺水肿、肺炎、肺结核等疾病外，使用静脉注射毒品同样会引起肺炎等疾病。发生这种情况的原因是，毒品中通常掺有杂质，当毒品通过肺部毛细血管时，杂质就会沉淀在毛细血管中，从而产生有关疾病；吸毒还会损害消化系统，造成吸毒

者食欲不振、营养不良、抵抗力下降等。此外，吸毒还会并发肝炎、肾功能衰竭、皮肤感染等疾病。

- 吸毒会对身体、生命造成危害

吸毒成瘾后，身体消瘦，思维迟钝，判断力削弱，记忆力减退，体质下降，丧失从事正常智力和体力劳动的能力。一旦吸食过量，可能直接致命。有资料表明，吸毒者的平均寿命较一般人短10~15年。据联合国禁毒署统计，全世界每年因吸毒而死亡的人数高达数十万人。吸毒者的死亡原因多为吸毒过量、自杀、毒品犯罪、意外事件等。

毒品在给人们带来短暂的精神上的快感之后，直接副作用是造成对身体健康的巨大损害。长期吸毒或长期滥用毒品，对神经系统、心血管系统、呼吸系统、消化系统、胎儿发育成长等方面都会造成致命的伤害。

- 吸毒会对呼吸系统造成危害

吸毒可通过三种主要途径对呼吸系统造成严重破坏：经呼吸道滥用毒品对呼吸道有直接刺激；通过不同途径进入体内的毒品对呼吸道的特异性毒性作用；由吸毒引起的营养不良和感染也可能波及呼吸系统，经呼吸道吸毒可对呼吸系统产生直接影响。

以吸烟方式滥用可卡因对肺脏的影响非常严重。由于可卡因具有局部麻醉作用，吸毒者可能造成肺部疾病如肺炎、肺出血。长期抽吸可卡因会使肺脏疤痕累累、功能减退。反复抽吸毒品还会引起慢性咽炎、鼻炎和鼻窦炎，还会使毒品沉积在肺中，对肺脏造成进一步破坏，有些毒品可造成特异性呼吸系统损害。

海洛因过量或中毒时可发生海洛因性肺水肿。此病起病较急，一般于海洛因过量后立即出现，如抢救不及时往往引起死亡。患者被送入医院后，常表现为昏迷、呼吸抑制、瞳孔缩小、口唇发绀，肺部听诊可闻及水泡音、哮鸣音。胸片显示双肺有大小不等的浸润阴影，主要沿肺泡分布，有的则融合成片，偶尔可见胸腔内有渗出表现。

可卡因可引起吸食者剧烈胸痛和呼吸困难，其原因可能是降低肺脏一氧化碳的扩散能力。胸痛也是可卡因滥用者求治的原因之一。此外，可卡因吸入还可引起肺炎、肺水肿、咳嗽、咳痰、发热、咳血、哮喘、肺间隔积气、气胸、气心包和肺泡出血，可卡因还可通过抑制脑干延髓引起病人突然呼吸抑制而死亡。

- 吸毒会对消化系统造成危害

绝大多数毒品均有抑制食欲的作用，部分吸毒成瘾者就是误认为毒品可以用来减肥而开始吸毒的，毒品的抑制食欲作用不仅可引起身体消瘦，还可引起某些人体必需的维生素和矿物质缺乏，从而引起一系列营养不良综合征。维生素B族缺乏会损伤中枢神经系统引起记忆力、注意力、学习能力显著下降，甚至引起意识障碍。维生素B族缺乏还会引起末梢神经炎和各种皮炎。铁元素缺乏可引起缺铁性贫血，故而吸毒者中缺铁性贫血非常常见。

吸毒成瘾常引起胃肠蠕动减慢进而引起便秘。这种便秘非常顽固，成为令吸毒者长期苦恼的痼疾。有时吸毒者每隔一周或十余天才大便一次，排便时出血非常常见。胃肠蠕动减慢还可引起肠梗阻。某些人为了将毒品偷偷带进医院、教堂等治疗地，利用身体藏匿毒品，吞服装有毒品的避孕套，也会引起肠梗阻。此外，吸毒者的这种行为也常引起意外中毒死亡。

可卡因对全身血管均有强烈收缩作用，对肠道血管的持续高度收缩可引起肠缺血和坏死，治疗需手术切除。

有研究证实，对69名吸毒者在封闭条件下进行半年的观察，发现有52人至少有一项或更多的肝功能化验结果异常。一般认为，乙型肝炎是由于共用被污染的注射器所传染。海洛因易引起慢性肝功能损害，可能与海洛因对肝脏的直接毒性作用有关。

- 吸毒会对心血管系统造成危害

很多毒品可以对心血管系统产生直接毒性。静脉扎毒引起的感染也可

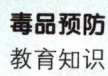

对循环系统发生不良影响,吸毒经常会引起各种心律失常和缺血性改变。其表现与不同毒品的药理作用有关。

海洛因成瘾者在吸毒后 24 小时内,55% 有异常心电图表现。常见的有:传导阻滞、去极化及复极化异常、心动过缓、心律不齐。

可卡因引起心律失常更为常见。注射可卡因短期内即出现心动过速,此外,还可出现心动过缓、室性期前收缩、室性心动过速和室颤及心肌收缩不全,临床资料提示有些可卡因中毒病人左心室明显扩大。左室肥厚与心律异常、高血压、猝死和脑血管意外有关。可卡因还可引起血管痉挛,冠状动脉痉挛可引起心肌梗死。此外,可卡因还可引起冠状动脉粥样硬化,可能是由于可卡因促使血小板聚集,引起小血管内血栓形成,进而引起栓塞。

细菌性心内膜炎是注射使用海洛因者最常见的全身化脓性并发症之一,如不及时治疗,可引起死亡。金黄色葡萄球菌是最常见的致病菌。链球菌、假单孢杆菌及一些少见的微生物也可引起此病。右侧心内膜炎多由葡萄球菌引起,临床表现为急性心内膜炎综合征,三尖瓣经常受累,但收缩期返流性杂音常难以听到。

- 吸毒会对免疫系统造成危害

吸毒者大多不注意个人卫生,身体的营养状况等条件也很差,一旦有细菌或病毒侵入机体,很容易形成感染,继而造成全身范围的广泛扩散,最终导致吸毒者的死亡。尤其严重的是采用静脉注射方式吸毒的人,经常使用或与其他人共用不洁的注射器,很容易将外界的病原,尤其是肝炎病毒甚至 AIDS 病毒 HIV 带入体内,轻者造成注射部位的感染,重者引发肝炎和艾滋病。

调查显示,在吸毒者中广泛流传着肝炎和艾滋病,并且传播很快。几乎只要是吸毒者,就必定有肝炎。在患艾滋病的病人中,有相当部分(65%)是通过静脉注射毒品的吸毒者,再加上吸毒者中普遍存在的卖淫、嫖娼等性淫乱行为及同性性行为,无疑为肝炎和艾滋病的传播和蔓延提供了很好的条件。

- 吸毒会对神经系统造成危害

吸食伴有掺杂物的海洛因后，会引起一系列的神经系统病变，如惊厥、震颤麻痹（帕金森病）、周围神经炎、弱视、远离注射部位的肌功能障碍。长期吸毒会引起智力减退和个性改变。尸检的结果也表明，神经系统的病理变化包括：多发星状细胞病变，广泛脑肿胀和变性，苍白球的退行性变化，脊髓灰质的坏死，肌组织的病理改变，周围神经的慢性炎性改变及退行性改变。临床检查如发现有神经系统体征，应考虑是否有其他并发症引起的脑部病变。如急性节段性脊髓炎，化脓性脑膜炎，败血症引起的脑脓肿，细菌性心内膜炎引起的脑栓塞。海洛因过量引起的呼吸抑制进一步造成脑缺氧。另外，静脉注射伴有掺杂物的毒品，也可直接引起脑栓塞。有学者认为60%的脑水肿病人是由于吸毒过量引起的，脑水肿的形成可能是因为肺水肿引起的颅内高压。

可卡因是一种致惊厥剂，单剂量即可诱发癫痫发作，重复使用可引起癫痫慢性化。可卡因的致癫痫作用被称为"促燃作用"，停用可卡因后这种促燃作用仍可存在，这可能是诱发复吸的潜在原因之一。可卡因还可能使原有癫痫表现出来，在临床工作中应注意排除原发性癫痫病可能性。

此外，可卡因滥用还可引起颅内出血、抽搐、持续性或机械性重复动作、共济失调和步态异常。以上异常现象会在停药后逐渐消失。

- 吸毒会对胎儿造成危害

由于海洛因等毒品可以通过胎盘对胎儿造成不良影响，因此海洛因成瘾可殃及母婴两代人。滥用毒品对妊娠妇女、胎儿以及新生儿的健康会产生严重的危害。

（1）对妊娠胎儿的危害

海洛因、吗啡等毒品可通过胎盘向胎儿传递，孕妇吸毒1小时后，即可在胎儿体内测出有海洛因存在。进入胎儿体内的海洛因由于脂溶性的特点，大部分会进入神经系统，贮存在脑组织中。吸毒成瘾的孕妇怀孕 4~6 个月时即可发现胎儿发育迟缓，并且在孕期容易早产。

（2）对新生儿的危害

娩出的新生儿除可发生畸形儿、怪胎以外，50% 是低体重儿（出生时体重少于 2500 克），这些胎儿在围产期有着较高的死亡率和患病率；80% 的新生儿可出现新生儿窒息、呼吸反射低、颅内出血、低血糖症、低血钙症等并发症；60%~90% 的新生儿可有戒断症状，包括尖叫、易激惹、震颤、不安、多动、肌张力增高、呼吸急促、呼吸困难、厌食、体重下降、间断发绀与呼吸暂停、惊厥发作、发热、多汗、腹泻、呕吐、哈欠、喷嚏等，这些症状一般出现在出生后 48 小时以内，也有 10% 的新生儿戒断反应不明显，要到出生后 2~4 周才表现出来，这可能是毒品在胎儿体内有贮积或毒品排泄较慢所致。被动成瘾的新生儿死亡率很高，若不经治疗，93% 的新生儿将发展到惊厥发作，其死亡率可高达 3.5%。

（3）对幼儿的影响

海洛因成瘾的妇女，其乳汁中有海洛因排出，毒素会随乳汁危害幼儿。所以，吸毒成瘾的女性在脱毒康复前不宜怀孕。

- 吸毒会影响寿命

有关资料表明：吸毒者的平均寿命较一般人群短 10~15 年。25% 吸毒成瘾者会在开始吸毒后 10~20 年后死亡。也就是说约 1/4 的吸毒者会在 30~40 岁死于与吸毒相关的问题，吸毒人群的死亡率较一般人群高 15 倍。

吸毒使人的寿命减短，减短的时间因个人体质而异，基本上是减短 35%~62%，也就是说如果一个能活 100 岁的人，那么他吸毒后就只能够活到 38~65 岁，当然戒毒后进行好的调养，寿命要以各人的体质、恢复的情况来定。毒品滥用者为了避免戒断反应的产生，往往会不断加大用药剂量和用药频率，从而导致身体慢性中毒，产生各种不适症状，如体力衰弱、智力减退，甚至神经错乱、中毒死亡。毒品对于人的神经、大脑、呼吸、消化、心血管和肌肉等重要脏器或组织能够产生功能性或器质性的破坏。

- 吸毒会加速艾滋病传播

以静脉注射方式滥用毒品后感染上被称为"头号癌症""世纪之症"的艾滋病，又是一大严重问题，这是毒品对社会的一种新的危害。

联合国艾滋病规划署发布的《2022全球艾滋病防治进展报告》显示：2021年，艾滋病导致平均每分钟1人死亡，全球有65万人死于艾滋病相关疾病，有150万例新发艾滋病病毒感染病例。全球超过2870万艾滋病毒感染者在接受抗病毒药物治疗，但是仍有超过1000万艾滋病毒感染者无法获得治疗。

吸毒本身并不会传播艾滋病病毒，而是因为吸毒者使用了不洁的注射器。对吸毒成瘾的人来说，要想用较少的毒品来获得最大的满足和快感，静脉注射是最佳选择。静脉注射吸毒时，往往是很多瘾君子凑在一起合用一支注射器。他们一般是在偏僻的角落里或较为隐蔽的场所吸毒，没有消毒的条件，即使有条件消毒，在注射器轮流使用过程中，有时候也等不及。有相当一部分吸毒者没有钱购买一次性针具，只好借用。也有的为了省钱、图方便而不买注射器。有的贪便宜，从"街头贩卖者"们手中购买的注射器是经回收再包装后重新出售。还有很多人不知道共用注射器可以传播艾滋病病毒、乙肝病毒。

更恐怖的是，在注射时，为了最大限度地利用残留在注射器内的毒品，吸毒者喜欢把自己的血液回吸到针筒里，把残留毒品冲洗下来后再推入静脉。在这么一出一进的情况下，吸毒群体中只要有一人是艾滋病患者或艾滋病病毒携带者，他便会污染注射器与针头，待下一位注射时，病毒会随着毒品一起进入体内。一支被污染的针管与针头，大家传来传去地使用，不需多久时间，所有的人都有可能惨遭厄运。

2. 心理危害

毒品的心理危害除了表现为吸毒者不断产生强烈的觅药渴求外，还可能由于对毒品的心理依赖而改变吸毒者的生活方式、情感性格、心理素质和意志行为等，从而导致一系列非正常行为乃至危害行为的发生。

正所谓"一日吸毒，十年想毒"。吸毒成瘾者在心理和生理上对毒品都存在着强烈的依赖性，他们满脑子充塞的都是如何获得更多、更好、更便宜的毒品，至于理想、事业、责任等都被他们抛之脑后。吸毒严重摧残人的精神状态，主要表现为智力衰退和人格扭曲。毒品能直接改变人类大脑中部分化学物质的结构，使人神经错乱、缺乏主动性、创造力减弱、依赖性增强、性格孤僻等。吸毒使人普遍丧失正常的人生观和价值观，进而出现人格扭曲。

3. 社会危害

家庭是社会的基本细胞，是人类美满生活和社会结构中的重要稳定因子。近年来，由于毒品恶潮的侵害和蔓延，无数美满家庭家破人亡，妻离子散，家业败落。家庭的稳定对国家和社会的稳定至关重要。毒品犯罪导致了众多家庭出现危机，也就不可避免地影响国家和社会的安定。吸毒导致的倾家荡产、妻离子散、家破人亡等问题已屡见不鲜。

家庭不稳定，必然给社会带来种种负担，从而影响到国家安定团结的政治局面。吸毒如果仅仅是对吸食者造成肉体上和精神上的伤害，使他们陷于解脱不了的痛苦之中，那么问题还不至于十分严重。然而不幸的是，吸毒诱发其他犯罪，从而在更大范围和程度上危害社会和国家。

- 吸毒行为诱发吸毒者为获得毒资进行犯罪

吸毒者需要源源不断的资金购买毒品，满足毒瘾。当他们没有钱或没有足够的钱买到毒品以解他们正在发作的毒瘾时，便会不择手段获得钱财，其中以偷盗、抢劫、卖淫最为突出。据统计，兰州市的刑事案件中，有53.1%是吸毒者所为。一名青年，为了搞到购买海洛因的钱与其弟拦路抢劫，杀死过路的一个教师，抢走了这个教师身上仅有的10元人民币和自行车，丧尽天良。吸毒人员以贩养吸、以盗养吸、以抢养吸、以骗养吸、以娼养吸现象严重，毒品犯罪以及由此引发的杀人、抢劫、盗窃、诈骗、贪污、洗钱等犯罪，严重妨害了我国的治安形势，给社会发展造成了极大的经济损失。

- 吸毒给社会造成的人员损失及财政损失

其一是人员损失，包括两种情况：一种是因吸毒导致死亡，使社会丧失一部分劳动力；另一种是损害吸毒者的身心健康，使他们失去了为社会创造财富的能力，成为社会的负担。一些妇女在怀孕期内吸毒，新生的婴儿有先天性生理缺陷和智力缺陷，这在一定程度上也给社会带来了损失，社会需要给这些受害的孩子额外增加医疗费用和福利费用。人员损失中最为严重的是吸毒的青少年，他们在身体上、精神上都受到创伤，不能健康成长为对社会有用的人，社会和国家在这方面蒙受的损失也是难以估量的。二是财政损失，国家为缉毒、戒毒，每年要支付大量费用。仅某地一市，2021年就拨出200多万元作为社区戒毒经费，用于全市社区戒毒社区康复工作。同时，国家每年还要拨出大笔经费用于建立缉毒队伍，培训缉毒人员，购买缉毒设备，对毒品进行鉴定和用于办案经费等。但仍不能满足缉毒和戒毒的实际需要。可见，毒品犯罪的上升，增加了国家财政开支，给国家的财政带来巨大的损失。

- 贩毒的巨额利润，刺激更多的人从事犯罪

有些人铤而走险，以抢劫、盗窃、诈骗、贪污、敲诈勒索等手段攫取钱财，购买毒品进行贩毒；还有些人直接抢劫、盗窃毒品进行走私、贩卖。还有一些国家机关工作人员尤其是司法工作人员被拉拢而进行共同犯罪。目前，司法工作人员以缉查为名，抢劫毒品或毒资的案件也时有发生。

总而言之，毒品已经成为全人类的公害，它直接危害着社会的和谐与发展，破坏了正常的生活和工作秩序，严重阻碍了经济的发展。当然，毒品的潜在危害性也不容忽视。吸毒恶化人口素质，影响民族的生存与发展，尤其是给青少年的身心健康造成了极大的损害。毒品的危害可以概括为"毁灭自己，祸及家庭，危害社会"，牵扯到社会各方面，衍生出各种各样的问题。吸毒往往都会引起犯罪，吸毒人员在耗尽个人与家庭的财富后，大都走上了犯罪的道路。目前，我国因吸毒而引发的各种刑事案件在全国刑事案件中所占比例越来越大，尤其是恶性案件呈上升趋势。据调查，男性吸毒人员中80%的人都有盗窃、抢劫等犯罪问题，女性吸毒人员中70%的人员都有卖淫问题。此外，我国还出现了大批以贩毒为业的人员以及带有黑社会性质的贩毒团伙，这些问题的存在对我国的治安形势构成了严重的威胁。

第四节 吸毒成瘾问题

一、吸毒成瘾的特征

根据全国人大常委会《关于禁毒的决定》第 8 条的规定，吸毒行为分为一般吸毒行为和成瘾的吸毒行为两种。吸毒成瘾又称为药物成瘾，即药物依赖性，是指在反复使用具有成瘾性药物的过程中，机体与毒品相互作用所形成的一种特殊的精神和躯体病态状况。一般情况下，吸毒成瘾具有三个主要特征。

（1）药物耐受性。药物耐受性指不断地使用同一种药物以后其效果会出现退化现象，需要加大剂量才能获得与以前相同或相似的效果。

（2）身体上的依赖性。身体上的依赖性指在某一段时间内不断服用某种药物带来的生理上的变化，需要继续服用这种药物来维持身体上的需求。

（3）心理上的依赖。心理上的依赖性指某人精神上需要某毒品，一般说就是习惯。

从实际情况来看，凡是吸毒成瘾者，其症状普遍表现为身体虚弱，面色蜡黄，精神颓废，萎靡不振，一旦毒瘾发作，有的涕泗横流，捶胸顿足；有的站立不起，咳血不止；有的乱碰乱撞，啃墙吃土；有的满地打滚，哭天喊地。种种丑态，不一而足。

二、吸毒成瘾的机理

◎ 吸毒成瘾的过程

1. 耐药作用的形成

耐药性是机体对毒品反应的一种适应性状态和结果。当反复使用某种毒品时，机体对该毒品的反应性减弱，药效降低，为了达到与原来相同或相似的反应和效果，就要逐步增加剂量，这种现象就是毒品的耐药性。

耐药作用是服用很多毒品后出现的一种现象，即不断服用相同剂量的毒品而产生的作用越来越小。人的身体以一种发展的方式去补偿由于吸入毒品而引起的化学不平衡。当一个人需要的毒品带来的刺激作用越来越小时，就可能通过增加毒品的剂量来战胜身体产生的耐受性。但一个人身上的耐药作用增高到一定的水平时，这些毒品就会引起很危险的结果。

毒品的耐药性是可逆的，停止使用毒品后耐药性逐渐消失，机体对毒品的反应恢复到原来的水平。所以，一些阿片类毒品成瘾者戒毒后复吸时，即使服用低于平时所用的剂量，也会发生因过量而中毒的事件。

2. 生理依赖性

生理依赖是毒品成瘾的病理生理学特征。生理依赖通过停止服药综合征的出现来定义。假设一个人已经开始吸毒，并有了耐药性，这个人又增加了吸毒量，不断继续服用较大的剂量，致使身体每天或每星期不断接受着毒品的进入。在使用了一些毒品后，这个人若突然停止吸毒，身体中就开始出现由此而引起的一组综合症状，例如，若对海洛因上瘾，一旦停止使用，这个人就会流鼻涕，还可能会感冒、发烧、腹泻，甚至出现其他更为严重的症状。当一种毒品在不同的人身上出现一系列连续的症状，这些症状的集合就是停止服药综合征。各种毒品引起的停止服药综合征是不同的，停止服药综合征的出现反映了身体对毒品的依赖。

3. 强化的形成

"强化"即我们通常所说的心理依赖，是吸毒成瘾的病理心理学特征，是指由于使用毒品产生特殊的心理效应，在精神上驱使其表现为一种定期连续用毒的渴求和强迫行为，以获得心理上的满足感，避免精神上的不适。

◎ 不同种类毒品的成瘾机理

毒品，一旦接触，就很容易成瘾，难以戒掉，那么，为什么吸毒后会上瘾呢？根据专业人员的研究与分析，吸毒成瘾是有科学原因的。从毒品的成瘾过程来看，人体细胞的兴奋活动是通过一种特殊的化学物质——神经递质的释放来实现的。正常情况下，神经细胞中神经递质的释放是有序的，但是苯丙胺类兴奋剂等合成毒品会促进神经递质耗捷性的释放，由此产生持续的、病理性的兴奋状态，导致神经细胞大量被破坏，引起神经功能系统的紊乱。经过数次毒品作用后，神经细胞释放的快乐型神经递质不断减少，吸食者虽然理智上知道不该吸食毒品，但需要毒品的刺激来维持正常或异常的欣快感。由于毒品的成瘾性主要取决于其"精神依赖性"，合成毒品又是直接作用于人的中枢神经系统，会表现出比海洛因更强烈的精神依赖，因此合成毒品更容易成瘾。毒品种类不同，相应的成瘾机理也不同。下面，我们将从科学角度分类讨论不同毒品种类的成瘾机理。

1. 阿片类

阿片类毒品是指由天然鸦片类原植物——罂粟中提取的生物碱和人工合成的可使机体产生类似吗啡效应的药物，包括鸦片、吗啡、海洛因、杜冷丁、美沙酮等。医学上常用阿片类生物碱及其衍生物减轻疼痛，治疗腹泻和镇咳。其中，海洛因和吗啡的镇痛作用最强。吸食阿片类毒品既可以引起精神依赖，又可以引起身体依赖。

根据目前的医学研究成果，内啡肽已被证明是对大脑神经系统影响最大的物质，即内源性吗啡肽，它是一种类似吗啡的神经递质，在人脑中自然产生。人类自身产生的内源性吗啡肽的功能一旦被破坏，身体将会全面失衡。吸食阿片类毒品以后，外源性吗啡肽不断侵入人体，将会造成内源性吗啡肽自然产生的功能进入休眠状态，全身将出现各种剧烈的反应，即吸毒者出现的急剧戒断症状，俗称"发毒瘾"。吸毒者为了解除毒瘾带来的痛苦，就会不由自主、不顾一切地寻找毒品或替代品来满足其生理需求，一般称为"强迫性觅毒"行为。随着这种恶性反复，吸毒者因对毒品产生了更大的耐受性，只有不断增加吸毒的数量和剂量才能缓解毒瘾，吸毒者往往也容易由吸食发展为注射，长此以往，对大脑等重要脏器产生严重损害，并随时可能发生因吸毒过量而导致突然死亡的惨状。

2. 苯丙胺类

苯丙胺类毒品是一种典型的中枢神经系统兴奋剂，常见的毒品种类包括苯丙胺、甲基苯丙胺、MDMA（3、4号亚甲基二氧甲基苯丙胺）、MDA（3、4号亚甲基二氧及苯丙胺）等。临床上主要用于治疗肥胖症、昏睡症、低血压等。滥用者主要用其振奋精神、加强警惕、抵制疲劳、提高运动成绩等。

反复应用该类毒品能引起精神依赖。苯丙胺类毒品与肾上腺素能神经末梢释放的儿茶酚胺类神经递质去甲肾上腺（NE）在化学结构上很相似，作为伪递质也能被该类神经纤维末梢再摄取入囊泡内储存，并且由于它的占领，使去甲肾上腺能神经末梢释放的 NE 无法再摄取入囊泡，只能停留在中枢和外周神经末梢的突出间隙；神经末梢中新合成的 NE 也无法储存于囊泡，只好持续释放入突触间隙，从而导致突触间隙的 NE 不断积累，持续发挥其对节后神经元的兴奋作用，使神经冲动连续不断地传导，产生强烈的中枢兴奋作用。由于 NE 能增强多巴胺（DA）能神经元的功能，导致 DA 也在与情感、行为等相关的特定脑区内积聚，使环腺苷酸分泌持续增加，在产生兴奋和幻觉的同时，因环腺苷酸对 DA 神经通路的损害作用，

第一章　认识毒品

也可以引起偏执狂型精神分裂症状。由于环腺苷酸的分泌有平衡现象，所以反复使用时需要增加剂量才能取得和以前相同的功效，此时表明人体已经对该类毒品产生耐受性。当减少或停止使用该类毒品时，滥用者会出现疲劳、抑郁、失眠等戒断症状，严重者甚至产生自杀或杀人的念头。此时表明吸毒者已经成瘾，并对该类毒品产生了依赖性。

3. 大麻类

目前，世界范围内常见的大麻类毒品主要有大麻植物、大麻树脂和大麻油。大麻类毒品中所含的有效化学成分主要是四氢大麻酚（THC）、大麻二酚（CBD）和大麻酚（CBN），滥用者会产生较强的心理依赖性，而生理依赖性和耐药性不明显。大麻在临床上曾经用作镇痛、镇静和欣快剂，具有致幻作用，可以使吸食者产生梦幻般的陶醉感。

在人脑的腹侧被盖区、伏隔核、尾核、海马和小脑的神经细胞的胞膜中存在大麻衍生物和四氢大麻酚（THC）的特殊结合部位，成为THC受体。THC受体的神经元、中间神经元和多巴胺（DA）能神经元参与了THC的应答系统。当THC和THC受体结合后，使THC受体激活，发出一个信号给DA能神经元，使其释放DA增多，DA结合到DA受体上，通过G蛋白和酶的作用，产生一系列生物效应，从而导致神经细胞内环腺苷酸含量增加。随着反复吸食毒品，使THC对THC受体不断激活，应答系统产生的环腺苷酸的反应达到了平衡状态，即再刺激也不会产生更多的环腺苷酸，结果使后续进入人体的THC的效能降低，需要增加大麻剂量才能维持原来的快感或出现的幻觉，形成了耐受性。

4. 可卡因类

可卡因类毒品主要包括古柯叶、古柯膏、可卡因制剂、克拉克等以及化学合成古柯类毒品。可卡因类毒品具有较强的中枢兴奋作用，临床主要应用是局麻药和改变心境的药物，可以辅助精神空虚、抑郁、悲观厌世的

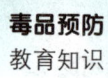

患者改变心境,达到暂时的精神满足和解脱。

吸食可卡因类毒品能形成较强的精神依赖性。该类毒品能抑制脑内多巴胺的再摄取,使得该类神经递质在脑内的含量迅速提高,进而使环腺苷酸含量增加,出现欣快感,从而解除疲劳感和饥饿感。该类毒品也能抑制人脑的精神细胞有效地利用葡萄糖,使许多脑区的新陈代谢能力大大降低,导致脑内的许多功能丧失。由于该类毒品分子中带正电荷的氨基能与细胞膜上 Na+ 通道闸门边上的磷脂分子中带负电荷的磷酸基形成横桥,阻断了 Na+ 通道,因此阻断了神经冲动的传导,产生膜稳定作用和麻醉作用。反复使用可以改变吸食者的心境和精神状态。当反复使用该类毒品,使多巴胺分泌到一定程度时,环腺苷酸分泌达到了平衡状态,即再应用原来剂量的该类毒品已经不能达到预期的欣快感,从而迫使吸毒者不断提高剂量才能达到原来的效果,从而产生了耐受性。

5. 精麻药品

精麻药品是指被列入麻醉药品和精神药品品种目录的药品。目录中的麻醉药品是指连续使用易产生生理依赖性,能成瘾癖的药品。麻醉药品分为阿片类、可卡因类、大麻类、合成麻醉药类及国家卫健委指定的其他易成瘾癖的药品,药用植物及其制剂。精神药品是指直接作用于中枢神经系统,使之兴奋或抑制,连续使用能产生依赖性的药品。依据精神药品使人体产生依赖性和危害人体健康的程度。精神药品分为一类(氯胺酮)和二类(巴比妥类、苯二氮卓类等)。

阿片类、可卡因类、大麻类麻醉药品的成瘾性机理与阿片类、可卡因类、大麻类毒品的成瘾性机理基本类似。长期滥用精神药品会形成较强药物依赖性。精神药品中的镇静催眠药、中枢兴奋剂、致幻剂有不同的作用机制,但是形成药品依赖的过程都是一样的。人的大脑中有一个"犒赏中枢",当人长期滥用精神药品就会释放出多巴胺,每当使用精神药品时,就会对大脑进行化学反应式的刺激,释放多巴胺产生快感,最终形成对精神药品的精神依赖性；还有部门精神药品会对中枢神经系统产生作用，产生的一种特殊的精神效应（激动感、舒适感、超脱敏、稳态感），最终导致滥用者表现为对药物的强烈的渴求和强迫性觅药行为，形成强烈的依赖性。

三、复吸问题

戒毒者经过脱瘾治疗后重新开始吸毒称之为复吸。复吸不仅严重损害吸毒者的身心健康，给家庭造成危害，形成强烈的消极示范作用和辐射效应，使得吸毒成瘾者的数量增加，还会造成社会财富的巨大损失，造成戒毒成本加重，消耗国家资源。复吸是主客观方面消极因素共同造成的一种社会综合征，复吸行为的产生既包括吸毒者个体的主观原因，也有客观现实的影响因素。

◎ 复吸的个体原因

1. 脱瘾治疗不彻底

完整的戒毒过程包括生理脱毒、心理治疗和康复、社会回归。由于戒毒机构管理制度不科学、戒毒治疗方法不正规、社会帮教体系不完善，导致吸毒者经过短暂的急性脱瘾治疗便重新回到原有的生活环境中。加之，社会康复治疗和家庭戒毒存在各方面的问题，疗效不佳的戒毒人员自然容易复吸。

2. 错误认知的消极影响

实践证明，复吸与吸毒前的错误认知总是存在着密切联系。在一些错误认知的影响下，许多复吸者存在着关于吸毒行为的扭曲理解，对毒品的严重危害性缺乏足够深入的认识。例如，"最后再饱吸一次，以后再也不吸了""戒毒这段时间太痛苦了，出院后最后满足一次""试一试戒毒药物的

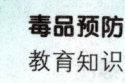

效果"等等。

3. 对毒品的渴求心理

经过一段时间的戒毒治疗，吸毒者摆脱了对毒品的生理依赖，但心理依赖一时之间很难消除。毒品通过两种方式引起吸毒者的心理依赖：一是正性强化作用，即吸毒者用药后，毒品进入人的中枢神经系统，便在心理上产生一种强烈的愉快、满足和欣快感以及松弛宁静的感觉，使吸毒者对毒品产生追求和向往。二是负性强化作用，在停止用药后，吸毒者会出现难以忍受的戒断综合征，迫使药物成瘾者继续追求药物，重复吸食毒品。在这种渴求心理的影响下，吸毒者整天沉溺于对毒品的渴求之中，身心困扰，加上不利因素的影响，或者毅力不坚强，一旦无法抵御毒品的诱惑，便会再次成为瘾君子。

4. 自卑和自毁心理

脱离生理依赖的戒毒者虽然初步解除了毒瘾，但其人格扭曲尚未完全恢复，缺乏应对和处理现实生活遇到困难的能力，对未来的生活缺乏信心。当收到来自社会或家庭的不理解和不接纳时，存在较重的自卑感和自暴自弃心理，还有一些人具有偏执型或分裂型人格特征。在回归社会的相当长一段时间内，自卑感、焦虑、抑郁和自控能力差等问题依然存在，无法回避婚恋问题、就业问题和社会歧视问题，这些刺激加剧了其变态心理和人格障碍，促使其自暴自弃、自甘堕落，最终依赖毒品来减轻痛苦，在虚幻中获得自尊。

◎ 复吸的环境原因

毒品可获得性的增强、社会对戒毒者的歧视、社区不良环境的影响、家庭和吸毒群体的同伴压力等环境原因，对复吸的发展蔓延起着非常重要的作用。

1. 吸毒群体的同伴压力

吸毒是一种习得行为，同伙的交互作用或者不良交往是个体再次吸毒的一个重要因素。戒毒者回归到原先的生活环境中，不可避免地需要面对鱼龙混杂的交际圈，其中不乏曾经有过千丝万缕联系的毒贩子。受到这些人的诱惑或压力，戒毒者极容易复吸，甚至以诱惑他人吸毒为自己的生财之路，影响和破坏更多戒毒者的康复之路，诱使他们坠入复吸的深渊。

"药物亚文化"在毒品流行中起着直接作用，它不但提供最初和复吸的毒品来源，而且还传播吸毒方法，交流吸毒体验。吸毒者戒毒后返回到原来的环境中，曾经使用的吸毒工具、吸毒场所都会成为暗示物，使其触景生情，刺激吸毒者再次想到毒品，想到吸毒时的欣快感，诱惑他们再次吸毒。此外，部分吸毒者把吸毒当作是身份和地位的象征，将毒品作为交友的有力手段，视复吸为身份回归的重要一环。

2. 环境变化的不适应

封闭的戒毒环境和单纯的戒毒成员促成了吸毒者戒毒过程的顺利进行。然而，面对脱瘾治疗后的现实环境，吸毒者会不断遭遇挫折、打击以及各种精神刺激，如家庭冷遇、社会歧视、工作问题、经济问题等。心理调剂机制尚不健全的戒毒人员因稳定性差更易引发情绪不稳、心烦、悲观、灰心丧气、缺乏自信等，加重复吸的可能性。

3. 客观环境的影响

目前，世界毒潮的泛滥和国内禁毒形势严峻，毒品违法犯罪案件和吸毒人数不断增加，客观环境的侵袭成为引发重复吸毒问题的直接原因之一。社会环境决定了毒品的可获得性。毒品的供应量越大，吸毒者的人数就越多，毒品的可获得性就越强，个体面临的诱惑就越多，复吸的概率就越大。

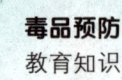

◎ 干预复吸

复吸是多因素综合所致,单纯急性脱瘾治疗是完全不够的。成瘾者完成急性脱瘾之后,再接受一段时间的康复治疗,彻底消除精神依赖,可以有效降低复吸。预防和干预复吸是一项复杂的系统工程,需要动员社会各界的力量。

1. 努力提高戒毒治疗水平

由于戒毒基础研究比较薄弱,医疗戒毒手段仍不成熟,戒毒治疗方法只能达到临时戒毒脱瘾的目的,尚不能从心理上戒断毒瘾。因此,有必要加强科学研究,调整治疗重点,改变医疗观念,将脱毒、康复及后续照顾管理有机结合起来,努力提高对精神依赖的治疗效果。

2. 建立网络防控体系

解决复吸难题,必须重视防控网络体系的建立,社会各部门要密切配合,对戒毒者大力加强道德、科学、心理和卫生教育。充分利用社会组织,建立完善的辅导网络,帮助戒毒人员顺利回归社会。充分利用社区的可获得性资源,积极发动和引导各种社会团体、民间组织、慈善组织、社会志愿者、私营机构等参与复吸的防控工作,为预防复吸、降低复吸率、巩固戒毒成果,提供各种社会服务,做好戒毒人员回归社会后的善后辅导工作,为个体的发展提供良好的平台。

珍爱生命 远离毒品

第二章 远离毒品

第一节 吸毒诱因

我国吸毒人数如此之多,增长速度如此之快,不仅与我国处于"金三角"向海外输送毒品的"黄金通道"和长期处于无毒状态,在吸毒初现之时未能引起足够重视等因素有关,还与吸毒者的家庭出身、婚姻状况、文化程度、心理因素等个人、家庭因素息息相关。下面我们分别从社会、家庭、个人三个层面来讨论分析一下吸毒的因素。

一、社会因素

1. 竞争激烈的社会环境的影响

随着社会的发展,人们生活节奏越来越快,在巨大压力与挑战下,有些人不是去寻找正确的解决办法摆脱危机,而是使用毒品来寻求解脱和逃避现实。

张某从小学到大学都是尖子生,大学毕业以后,工作压力大,经常"开夜车",单位有同事经常用一种东西提神,有一天就拿给他试试,为了工作更有效率,他豁出去了。几天后茶饭不思,提不起精神去工作,这才发现,他已经吸毒上瘾了。

2. 毒品黑市的存在

通过调查发现,有65%左右的毒品直接来源于黑市,25%源于"朋友"。由此可见,毒品绝大多数源于非法交易。目前,毒品交易具有以下特点:首先,网络交易已经达到了无孔不入的境界;其次,制毒、贩毒的形式更加隐蔽;再次,品种也越来越多,尤其是易制有毒化学物品的发展;最后,价格层次越来越高。所以,针对以上特点,我们要加大对种毒、贩毒、制毒的打击力度,减少社会上毒品的流通途径和流通量,遏制毒品的扩散和吸毒的蔓延。

3. 高危地点

根据公安机关的备案记录可以发现,第一次吸毒的地点中,酒店占20%左右,娱乐场所占10%左右,歌舞厅占7%左右。这些地点,人员比较复杂,治安管理比较松懈。因此,公安机关应采取措施加强对这些高危地点的管理,同时,加强对未成年人的管理和教育,未达到法定年龄者一律不得入内消费,以便减少吸毒者和贩毒者对他们的影响。

4. 药源性因素

因误用、多服含有致瘾性成分的镇咳、镇静、止痛类药物而致瘾,并走上吸毒之路的亦占有7%,这一点应引起卫生部门的高度注意,这表明我们的药物管理法规和有关制度的实施有待进一步加强。另一方面,我们应该开发和采取更有效的药物,以减少使用致瘾性强的药物。

5. 贩毒者的影响

阿丽在父母离异后选择离家出走,第一次吸毒是发廊老板强行在她胳膊上打了一针。昏睡三天后又被注射过几次,从此她就再也离不开毒品。老板就这样控制着她和另外几个女孩。

消费市场对毒品违法犯罪活动构成极大的刺激作用,给毒贩们带来巨大的利润。由于消费市场吸与贩的相互刺激,毒品问题就日益突出。毒贩们为扩大毒网,他们会采用各种各样的方法诱骗别人吸毒上瘾,而在娱乐场所玩耍的青少年就是他们进攻的主要目标,大部分吸毒者之所以走上吸毒歧途就是因为上当受骗。另外,有许多吸毒者在没有经济能力购买毒品时就会走上"以贩养吸"的道路。

二、家庭因素

通过调查发现,吸毒者来自不同的家庭环境,但大多数集中在农民家庭、工人家庭以及待业家庭。他们的家庭有共同的特点,大多数婚姻不健全,没有正式稳定的工作等。第一次吸毒的亦有16%左右的人在家里开始,平时在家里吸毒的占53%。可见,吸毒与家庭环境有密切关系。因此,我们要充分重视家庭对吸毒的影响,以更好地发挥家庭在禁毒工作中的重要作用。

家庭是社会的细胞,也是个人成长、生活的重要环境,在家庭中所受的教育以及家庭成员之间互为影响的关系对个人都有重要影响。其中,前

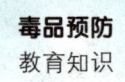

者对未成年人的影响比较大，后者对成年人的影响也比较大。

1. 家庭教育因素

家庭教育的重要性已经被大家所接受并确认，而家庭教育的失败往往会加大子女走上吸毒或者犯罪道路的可能性。家庭教育的主要因素是家长的品行、对家庭教育的重视程度、方式方法以及家长教育子女的时间等。在家庭教育中，家长的人生态度、生活方式通过言传身教、潜移默化对子女产生影响。有调查表明，虽然吸毒者的父母不一定吸毒，但他们有追求感官刺激以及及时行乐的共性，这种行为模式潜移默化在子女的内心深处促成一种消极的人生观，这是子女沾染毒品的重要心理基础。家庭教育的方式方法不当也会给子女吸毒打下基础。家庭暴力行为，经常打骂子女，很容易导致家长与子女之间关系过于紧张；过于溺爱、生活上过分关注、管教不严且经济上放纵都容易使孩子的家庭教育出现异化，表现出放纵自己和反社会的行为。通过调查还可以发现，吸毒者中农民家庭出身和工人家庭出身的占据了很大部分，这些家庭的家长文化水平普遍较低，生活水平也相对困难，因此，家长们就要为生活付出更多的时间和精力，对子女的教育就相对减少很多。这样一来，家长对子女的思想和行为的观察就会减少，从而不能对其出现的不良行为进行及时的纠正和教育。

2. 成员关系

首先是婚姻状况因素。吸毒者中往往未婚的居多，这与他们仍然生活在父母的庇护之下，没有家庭责任感有关。其中，未婚的吸毒者中，待业者占一半左右，多游手好闲者。在待业情况下，他们往往精神空虚，寂寞无聊，对生活没有多大的追求，一旦接触到毒品，就会深陷毒品所带来的一时的刺激与欢乐中。婚姻正常的家庭中几乎很少出现吸毒者。由此可见，稳定的婚姻对吸毒行为具有一定的抑制作用。婚姻状况不但会影响成年人，同时还会影响下一代。据某市对青少年吸毒与家庭环境的调查表明，因父母离异，家庭残缺，得不到家庭温暖而导致吸毒的占三分之一左右。因此，家庭和学校对因婚姻问题造成的高危人群要格外重视，要给予他们更多的关心和社会支持，如对单亲家庭的子女要更多关注他们的心理健康等。另外，诸多调查也表明，家人吸毒也容易诱发其他成员吸毒，因此，我们在开展对戒毒人员教育的同时，同样不可忽视对其家人的相关教育。

家庭不仅在预防吸毒过程中有着极其重要的地位和作用，在吸毒者戒除毒瘾后也起着十分重要的作用，家人的态度决定了戒毒者心理是否会健全。吸毒者在戒毒回家后，家庭成员要在以下几个环节对其进行关心和照顾：帮助已戒毒者建立正常的生活秩序和养成良好的生活习惯，纠正他们在吸毒时养成的夜间活动、白天睡觉的习惯；帮助他们参加健康的娱乐活动和保持稳定情绪，避免他们出现情绪悲观，如沮丧、忧郁等；设法调节他们的不良心境，摆脱其渴求毒品的念头，如陪他们散步、郊游，或外出旅行。需要特别指出的是，家庭、亲友千万不能歧视和抛弃这些已戒毒者，要关心他们的婚姻、就业、生活等问题，使之感受到亲情和温暖，这样才能坚定他们彻底戒毒的信心，创造适合休养的家庭环境。已戒毒者回家后，家庭成员要精心照顾他们的生活，减轻他们的心理压力，并在精神上给予支持。异地治疗是一个有效的方法，注意保持和恢复已戒毒者的社会适应性，增加他们的识别能力和防毒意识，使其心理活动能与社会协调一致，以达到抗复吸的目的。

三、个体因素

1. 文化程度因素

吸毒者中，大专以下的人居多，其中小学和初中文化水平的人占了绝大部分，这表明接受教育的程度与吸毒有一定的相关性，总体而言，受教

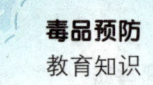

育程度越高者,吸毒的可能性越小,反之,可能性就越大。这就说明,我们在小学、中学的禁毒教育有待进一步加强。

2. 职业因素

待业者吸毒的可能性最大,其次是商人、司机和农民,这可能与他们的工作性质和工作特点有关。我们应加强对这类高危人群的禁毒教育,同时做好就业安置工作,最大限度地确保其有工可做。

3. 个人心理因素

大致来说,吸毒诱因可以分为十种。吸毒者中,因无知好奇、炫富、逃避困境、减肥等原因而走上吸毒不归路的人所占比例非常高,这些心理因素是导致吸毒的内在原因。因此,如何戒除对毒品和吸毒的好奇心应成为预防吸毒工作的重要切入口。在宣传拒绝毒品的同时,我们应高度重视人格培养等心理健康教育,包括对青少年以及成年人的心理矫治。

吸毒诱因之一: 无知好奇

一项调查表明,在青少年吸毒者中,有80%以上是在不知道毒品危害的情况下吸毒成瘾的。抱着"找一下吸毒的感觉""抽着玩玩""尝尝新鲜"等念头,一些青少年在毒品面前放任自己的好奇心,就好比在悬崖边抬脚试探崖底有多深一样危险。

湖南省一男子徐某,父母离婚后均外出打工,留下年仅18周岁的徐彪独自在家。因在家独处无聊,加上无人管教,交友不慎,为了追求刺激,徐彪竟然数次邀请朋友到自己家中一块吸食毒品。经湖南省汉寿县检察院提起公诉,法院以容留他人吸毒罪判处被告人徐彪拘役五个月,并处罚金2000元。

第二章 远离毒品

李某，17岁那年和朋友们去迪厅，看到里面的人跳舞跳得很来劲，头摇得像拨浪鼓。为何自己就跳不出他们那种感觉来呢？于是朋友给了他一颗摇头丸，一两秒钟后，立即感到全身血液化为气泡，直涌至头顶，巨大的欣快感充溢全身。

许多人都是出于强烈的好奇心，对毒品跃跃欲试，低估毒品的威力，缺乏对毒品的认识和辨别是非的能力而染上毒品的。特别是处于青春期较迷茫的青少年，探索欲望强，喜欢追求刺激，警戒性不高，怀着不妨一试的冒险心理误入歧途。

吸毒诱因之二：免费尝试、上当受骗

有不少吸毒者是在不知情的状态中被毒贩诱骗而吸毒的。毒品贩子为避人耳目，同时为了"以贩养吸"，往往设下陷阱，把吸毒者一个个拉下水。

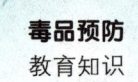
毒品预防
教育知识

李某无意间碰到原来的一个邻居,那个邻居其实是个毒贩。毒贩给了李某一支"香烟",李某吸完后感到有些不舒服。毒贩告诉李某这是专门为男性制造的香烟,有强身壮阳的功效。两人第二次见面时李某又抽了一支"壮阳烟",感觉似乎不错。这样,毒贩在两个星期里不断免费提供"壮阳烟"给李某,直到李某成瘾,自己掏腰包买"烟"。李某从此成为这个毒贩的固定"客户"。

吸毒诱因之三:将吸毒视为赶"时髦"、炫富的手段

有些人认为吸毒时髦、气派,是高档消费和富有的象征,许多人就是这样尝试着吸毒的。可是他们并不知道,毒品的爪牙已经伸向他们的财富、事业、家庭,他们将变得一无所有,身败名裂。富家子弟莫某,时常看到进出老板俱乐部的一些生意人吸毒,这些人挎着美女,开着名车,看上去十分潇洒。于是莫某也开始吸毒。最后,他不仅卖了辛辛苦苦挣来的房产、汽车,还早早断送了自己年轻的生命。

杨某25岁,高中毕业后家里买车让他跑出租。当时有朋友常向他借钱去买"粉"吃,可从来不还。他就想,自己那么富,好吃的都吃过,好玩的也玩过,那么时髦的"粉"自己还没吃过,与其给他们吃还不如自己吃,就这样沾上了毒品。

有些人精神空虚,追求叛逆和标新立异,希望生活得更有个性,便寻找刺激,把吸毒行为视为时髦、有钱的象征,把毒品看成奢侈品,以之为荣,而相互追随模仿,相互攀比。

吸毒诱因之四:来自周围的不良影响

许多人染毒是来自周围的不良影响。谎称"毒品吸一两次不会上瘾"。

有一位戒毒者在叙述自己的吸毒史时说:"一次,一位朋友给了我一支香烟,并用手指挑了很少一点白粉放进去。我想这么一点点是不会上瘾的,就接过来抽了,当时只感觉恶心呕吐。第二次,我又抽了一支,这次找到了感觉。谁知道这一尝出味道来,就上瘾了,从此一发而不可收。没想到这是致命的一口啊!"

一日吸毒,永远想毒,终身戒毒,毒品是一道高压线,碰不得!

吸毒诱因之五:赌气和不正常的逆反心理

有的人是为了给吸毒者做出戒毒的榜样,不信吸毒戒不了而吸毒;有的是抱着"你不让我干,我偏要试试"的逆反心理;还有的是想要证明自己非同一般而吸毒。这都是因为赌气和一种不正常的逆反心理在作怪。

一个美满的家庭,妻子吸毒后屡戒不能,丈夫见她那乞求毒品失魂落魄的样子就说:"怎么就那样没有出息,我抽几次,然后戒给你看。"可是,这位丈夫抽了几次后,不但未戒掉,反而与妻子一同沦为瘾君子。

吸毒诱因之六:受挫后逃避现实

青少年吸毒往往是由于父母离异、家庭关系紧张、学习压力大、师生关系不好、高考受挫,以及待业等不顺心的问题引起精神苦闷、情绪低落,试图以吸毒麻醉自己。还有一些人吸毒是由于生活压力大、工作不顺心、婚姻不幸等原因,为了排解心中苦闷而染上毒品。

贾某从小到大,学习一帆风顺,在班上一直是第一名。然而,班上转来的新同学成绩更好,直接"威胁"了他的地位。期末考试最后一门还没考完,新同学已领

先5分。于是贾某面子上挂不住,在考最后一门功课时,孤注一掷,采取作弊的形式,结果不仅作弊败露,而且名誉扫地,处分、检讨接踵而来,一直过于顺利的贾某被悔恨压得喘不过气来,他无法承受和面对这一切,于是逃遁在毒品的梦幻中,使这个伤心故事又演绎了一幕悲惨结局。

鄂州男子褚某,今年41岁,最近与妻子关系颇为紧张,几乎到了离婚的边缘。双方老人都已年近七十,孩子今年又面临高考,褚某因长期家庭不和,心情非常郁闷,想到劝解无果,又不想给孩子带来负面的影响,褚某内心极度烦闷,压力大无法排解,听朋友说吸食"麻果"可以舒缓压力,抱着试试看的心理,褚某通过朋友购买了一颗"麻果"吸食,想释放压力,结果可想而知。

张某,37岁,以前是某大型网络公司的骨干,结果却被公司裁员,重新找工作却一直都不顺利,每月上万的房贷要还,老婆和他天天吵架。于是,他就每天晚上去酒吧买醉。后来酒吧的朋友说,借酒消愁,不如喝点神仙水,这可比酒起作用,喝完了比神仙更逍遥,不信试试。结果,张某很快就上瘾了。

当今社会学习生活工作压力大,在遇到人际冲突、婚恋失败、经营破产等挫折,有的人就感到灰心丧气,无能和自卑,为寻求解脱、忘却烦恼,就选择用吸毒来释放苦闷。据统计,84.5%的男性吸毒者大多有焦虑抑郁症状。

吸毒诱因之七:利用爱美之心,编造可以减肥的谎言

有的人觉得自己身材不好,羡慕那些身材妖娆的美女,便轻信了"吸毒可以减肥"的谎言,于是一些人用吸食冰毒来减肥,结果上瘾。2021年5月,姑娘小方由于身材比较胖,十分烦恼。因为要去参加朋友的婚礼,看中的裙子穿不下,偶然听说吸毒有减肥效果,竟信以为真,决定铤而走险,购买冰毒吸食。2021年6月底,李某因吸毒被警方查获,后被行政拘留15天。

第二章 远离毒品

小爽,是一名网络主播,颜值高,身材姣好,在平台拥有一大批粉丝。小爽为了保持身材,吸引更多的粉丝关注打赏,她开始吸冰毒减肥。警察抓到她的时候,她还振振有词地说,吸毒既能减肥,还能让她精神焕发,更好地和粉丝互动。后来,小爽因为吸食冰毒成瘾,结果被强制戒毒一年。

浙江省温州市某地一位父亲报警举报自己的女儿吸毒。原来,"00"后的赵某为了减肥染上毒品,此后一发不可收,家人多次劝诫无果。为了让赵某迷途知返,父亲无奈报警求助。民警当日接到这通"大义灭亲"的举报电话后,立即赶往现场,并口头传唤嫌疑人赵某配合调查。经检测,赵某的尿检结果呈阳性,确系吸毒人员。

原来,赵某多年来被身材问题困扰,多次尝试运动减肥、节食减肥,或因无法持之以恒,或因减肥效果不明显,均以失败告终。赵某偶然从一朋友处得知"吸食毒品可以减肥",便信以为真,开始接触毒品。岂料,赵某一吸便一发不可收,染上毒瘾。赵某称,自己在吸食毒品后,不想进食也不想睡觉,头晕眼花,容易产生幻听幻觉,烦躁易怒。赵某性格的突然变化引起了家人的注意,面对家人的质问,赵某推脱自己只是在吸食"茶精"提神,并没做什么违法的事。但赵某的谎言很快被父亲撞破。赵某父亲在严厉指责、耐心劝说皆无效的情况下,毅然决定让法律来惩戒赵某,希望能让女儿迷途知返。警方表示,吸食毒品后带来的精神恍惚、食量骤减、失眠、烦躁易怒等诸多副作用，才是导致体重下降的原因，赵某因轻信他人而沾染上毒品，不仅损害自身健康，还构成违法。目前，赵某已经被警方依法行政拘留。

吸毒诱因之八：在特定环境下使用新型毒品

张某的儿子从海外留学回国后，有一天晚上，他身体不舒服，叫了附近一家诊所的老板到家里给他打点滴。双方认识后，诊所老板向张某的儿子推荐了一种"神仙水"，服用后感觉很好，后来就渐渐离不开它了，一天要喝十几瓶，不喝就难受，就这样喝了几年，花掉近百万元。让她痛心的是，儿子还没结婚，但是身体已经垮了，不仅精神萎靡不振，内脏也受到严重损伤。

吸毒诱因之九："爱情"盲目吸毒

因为吸毒恋人的甜言蜜语，为"爱"盲目追随，从而走上吸、贩毒道路。

李某通过微信认识了帅气的张某，很快坠入爱河，谁知这不是爱河而是个深渊。李某与张某同居后发现他是个"以贩养吸"的瘾君子，李某多次相劝也没能使浪子回头，却被张某的甜言蜜语忽悠，也走上了贩毒的道路。此后，张某藏身幕后负责找销路，李某则负责送货收钱，法不容情，这对贩毒鸳鸯现已被警方抓获。

吸毒诱因之十：有些毒品无色无味，不小心误食

一些人在娱乐场所随意饮用陌生人的饮料或离开座位期间未看管好自己的饮品，导致误食毒品，造成严重后果，踏上毒路。

奶茶、茶叶、糖片、橙汁冲剂都被发现用于毒品伪装。2022年1月21日，广西南宁市青秀公安分局星湖派出所民警在某酒店停车场内抓获一名涉嫌贩卖毒品人员黄某，缴获新型毒品"奶茶"（苯二氢卓类毒品）0.8克。通过讯问，深挖线索，后来在公园路一酒吧附近抓获贩卖毒品嫌疑人李某成和吸毒人员林某家，缴获新型毒品"奶茶"0.77克。"奶茶"是一种新型毒品，这种新型毒品外观和口感都与奶茶极为相近。这类毒品遇水即溶，即冲即饮，与各种饮品混合后，口味都不发生变化，甚至香味都相似。

据民警介绍，毒品"奶茶"往往包装成速溶奶茶的模样，多呈粉末状，即冲即饮，口感与奶茶相似，但里面却掺杂了冰毒、K粉，成瘾性强，这种毒品更容易上瘾。此类新型毒品迷惑性很强，毒品效果持续时间较长，对吸毒人员极具诱惑力。警方提醒大家特别是青少年，遇到陌生人提供此类饮品要仔细查看，加强防范！

4. 个人交往因素

根据调查显示，第一次吸毒在朋友家的占40%，平时吸毒在朋友家的占15%，因被劝说吸毒的占0.5%，因"哥们义气"吸毒者占2%，毒品从朋友处买得的占25%，受到"粉友"诱惑而复吸的占15%。以上事实表明，吸毒行为与吸毒者本人的人际交往有密切关系。通过调查发现，有近一半的吸毒者有意或无意地诱导他人吸毒，其中无意者占大部分，由此可见，吸毒行为是具有传染性的。一个吸毒者或者毒贩可以将吸毒行为传染给他周围的人，或是无意中让他人受传染，或是怀着各种目的让他人吸毒来毒害别人。因此，禁毒除了要控制毒品的来源之外，关键是对已经被发现的吸毒人员进行有效的强制戒毒；对贩毒、制毒者加大打击力度。严格的执法环境可以在较短时间内减少社会上的吸毒者和贩毒者的数量，对于整个

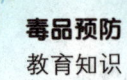

禁毒运动将起到积极的作用。

5. 辨别能力和抑制能力

综合心理因素和个人交往因素可以看出，吸毒者对吸毒具有一定程度的认同，其辨别是非的能力和意志力都亟待提高。因此，家庭、学校、社会应加大对禁毒教育的宣传，提高青少年和成年人的是非辨别能力和意志力的锻炼。个人则要在平时注重培养自己的辨别能力和意志力，使自己在关键时刻可以控制自己的意志力。

结合上述分析，笔者认为，防治吸毒行为必须从以下三方面入手：首先，个人要树立正确的人生观与价值观，从容地面对现实，提高自我控制力，克制盲目的好奇心理和侥幸心理，发展广泛兴趣，慎重交友；其次，家长应以身作则，自觉抵制毒品，多与子女沟通，管教有方，不溺爱，不放纵，尽量营造和谐的家庭环境；最后，相关部门要多开展禁毒宣传活动，增强人们的法律意识和自我保护意识，加大对娱乐场所的整顿，加强对社会闲散人员的管理。另外，对于吸毒者，戒毒工作者应根据其吸毒的原因进行有针对性的帮助，使其顺利回归社会。

第二节　珍爱生命　远离毒品

想远离毒品，不一定非得找那些被毒品摧残了一生的例子来警醒自己。染上毒品的人很多，都有各自的原因，但大多会为此后悔，你没有必要成为其中的一员。即使是已经吸食毒品上瘾的人，也可以成功摆脱毒品。下面向大家介绍四种方法，可以有效地帮助被毒品所困的受害者。

一、摆脱毒品四步法

◎ **拒绝毒品的诱惑**

1. 给自己设立人生目标

研究显示，那些有目标的人和为目标而奋斗的人染上毒品的概率更小。因为有了目标，你知道自己未来想要什么，要怎样为此奋斗。而使用毒品其实都是为了寻求一时的快感，不计后果，不考虑将来。如果你想尝试毒品，就算只是一次，也先想想后果是什么，它对你的人生目标有什么影响。毒品不仅昂贵，而且违法，你很可能因此被抓进监狱里，或者是因为使用毒品而有了犯罪记录，给人生染上了污点，你还有多少精力可能去完成你的目标？设立目标还可以为你提高自信。当你对自己有了自信，相信自己能够达到自己的期望，那使用毒品的概率也就小了。建立并实现目标对戒毒也是有帮助的，因为这表明你有能力完成自己设定的事情，相信戒毒也是如此。

2. 花时间和你爱的人待在一起

和家人、爱人之间坚实的纽带，是帮你远离毒品的保护伞。换句话说，和家人、爱人的关系好，能帮你抵制毒品的诱惑。如果你对毒品好奇，忍不住想尝试，不要一个人憋着这个想法，找个你认识、可信并且尊敬的人，好好就这个问题谈一谈。他人可以给你提供建议和帮助，对远离毒品来说很重要。

3. 把实际情况告诉他人

如果你长期因为毒品而倍感压力，甚至被迫吸食毒品，找个可靠的人倾诉，比如父母、老师或者是法律顾问，你不必独自面对压力，别人的帮助能帮助你坚定远离毒品的信念。

4. 享受一下做其他事情的乐趣

如果你只是为了追求一时的快感，不如把注意力转移到其他有趣，而且让人开心的事情上。比如，培养兴趣爱好，花时间和朋友待在一起，玩电子游戏，或者是帮助他人，这或许能帮你找到新的人生意义。出去跑步，读本好的小说，和家人朋友交谈，玩有趣的游戏，或者接受心理辅导，都可以解决你的问题或消极想法。和朋友说说你的感受，或者干脆出去看看电影，做些能转移注意力的事。

5. 一开始就不要尝试

如果有人给你毒品，直接拒绝然后走开。如果因为对方是朋友，觉得不好拒绝，那就反过来想想，真正的朋友应该尊重你，就算你拒绝毒品，他们也应该支持你，不应该强迫你做任何不想做的事。如果他们真的强迫你，那你应该考虑换换朋友了。

6. 保持安全距离

如果你发现家里有亲戚或者有朋友吸毒，请远离他们，绝不要走同样的路。可以的话，和信任的朋友谈谈，他们可能会给你提供建议、方法和支持。要远离毒品，外在的支持是非常重要的。要知道，家里有人吸毒的话，你染毒的概率会更大，要远离毒品也就需要做得更多。如果你的朋友沉迷于毒品，请远离。另外，要注意，青少年很容易被吸毒的同伴带坏。

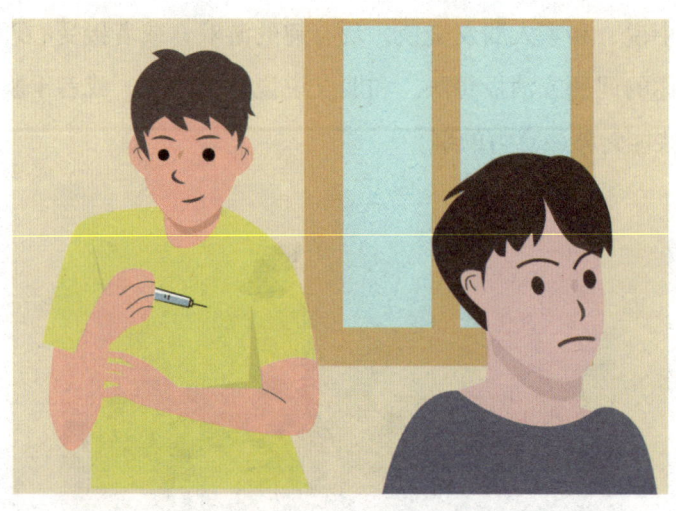

7. 远离诱惑

如果你工作生活区域或者所在的学校里或者有这么一群吸毒的人，坚决不要和他们走在一起。你可以找到更积极、有更多正能量的朋友。如果你参加聚会的时候，发现有人在吸毒，直接走掉就是了。如果继续待下去，就算你可以拒绝，来自同龄人的压力也可能让你被迫吸毒。要知道社交的影响力是很强的，甚至会迫使你使用毒品，就算是社交媒体也有这样的负面作用。如果社交媒体上有很多使用毒品的图片，想办法屏蔽这些图片。

第二章 远离毒品

8. 反思毒品的诱惑

如果你仅仅因为好奇心而想要尝试毒品，其实这是可以避免的。自己好好想想"为什么我想要尝试毒品？"你想尝试毒品的原因到底是什么？如果你只是因为觉得其他人都在用毒品，你想和你的兄弟们更亲近，那么提醒自己，并不是每个人都吸毒。一般年轻人吸毒的现象会更严重一点。要和你的朋友好好相处，办法多得是，你们可以培养共同的兴趣爱好，可以一起运动。如果你只是因为压力而想要尝试毒品，那么首先要知道，毒品是可以缓解一时的压力，但它的危害却更大。解压的方法有很多，运动、瑜伽和冥想都可以。如果你的压力实在很大，还可以接受专业治疗。如果你还只是个青少年，要铭记自己的心智还没有完全成熟，决策能力总是不够的，选择吸食毒品可能是一个会毁掉你后半生的决定。想想50岁以后的你会感谢现在吸食了毒品的你吗？

9. 果断地说"不"

你可能会面临被迫吸食毒品的情况，一定要坚定自己的决心，不要犹豫。如果你表现出了一丝的犹豫，就会让强迫你吸毒的人有机可乘。如果你拒绝了别人给的毒品，别人问你原因，你根本不需要回答。你要是搪塞了一个理由，他们又会抓着不放，直到劝服你为止。别人可能会说"大家都这么做",或者"就一次没关系"等等,不要被这种话所欺骗。态度一定要坚决,直接告诉他事实:"是,有的人可能会吸食毒品,但并不是每个人都这样,而我更不会沾毒品。"或者你可以回答:"不,就是一次我也不会用的,我的人生不需要毒品。"

10. 保持充实的状态

保持头脑敏锐,积极地融入你身边的世界里。如果你一直保持忙碌、积极和充实的状态,就没有时间去吸毒。无聊和空虚可能让你染上毒品,但充实的生活会减少你接触毒品的可能。学习一门新语言,培养一个兴趣爱好,学习一类乐器,做志愿者等,都能丰富你的生活(并且充实你的简历),让你远离毒品。

◎ 摆脱毒瘾

1. 弄清楚为什么人们会吸食毒品

人们使用毒品通常都是一种自我慰藉的表现，但是由于毒瘾作用太强，人一旦接触便会陷入使用毒品的恶性循环中。要摆脱毒品，首先你得先去戒毒所之类的地方，参加一系列的戒毒活动，摆脱生理上的毒瘾现象。一开始，你甚至可能感觉生不如死，一旦解决生理现象，再处理导致你一开始使用毒品的心理因素。吸毒的人不一定就是"坏人"，或者是"不道德的人"。长期吸食毒品的人可能不容易戒毒，长期吸食毒品可能对大脑造成伤害，所以更难戒除，但这并不是没有可能。

2. 提防促使你吸毒的诱因

如果你曾经吸食过毒品，那想想什么东西和你吸毒有关系。是你吸毒的用具、带你吸毒的朋友、某个吸毒场所，或是某首将你带上吸毒道路的歌？如果你知道某些东西会促使自己吸毒，请远离这些诱因。把那些宣扬毒品的歌都给删了，把抽大麻的卷烟纸扔了。如果你再没有机会接触这些触发器，再次吸毒的可能性也会减少。过去吸毒的地方也不要去了。要做到彻底远离毒品诱发因素可能很难，但这对彻底戒毒很有帮助。

3. 你可以加入戒毒社区，或者接受家人的帮助

外在的支持是让你坚持远离毒品的关键。如果你一直在戒毒的路上苦苦挣扎，那他人的支持想必很有用。要寻找这种外在的帮助，你可以和医生、顾问或者其他健康护理人员谈谈，翻翻黄页上当地戒毒组织的电话，或者找找各种宗教团体，当地或者全国性戒毒组织。

4. 试试"冲浪游戏"

这里说的冲浪游戏其实是一种心理练习，帮助你克服心理障碍，直到完全战胜它。把你的渴望想象成翻腾的浪潮,你踏着冲浪板迎着浪,直到它渐渐消退,被你踏在脚下。用冲浪游戏克服你的欲望,要比单纯地逃避和压抑它更有效。提醒你自己,这应该不是你第一次毒瘾发作了。你之前有克服过毒瘾吗?我想应该是有的。只要你克服过一次,你可以告诉自己这一次也会过去的。感受你克服毒瘾过程中的想法和感受,比方说,你可能想用某种毒品,你可能大汗淋漓、心痒难耐、焦躁不安。首先,你得承认这些现象确实存在,但这些都只是你自己的感觉而已,它们的力量都是你赋予的,要相信自己其实可以战胜它们。毒瘾犯了的时候,集中精力深呼吸,缓慢而均匀地吸气、呼气。这样做能把你的注意力集中在当下,而不是苦苦面对着渴望挣扎。

5. 告诉自己你会坚持 10 分钟

如果你对毒品的渴望非常强,那先憋 10 分钟,尽力延长忍耐的时间。坚持,就只等 10 分钟,你可以做到的。等 10 分钟过了欲望还是很强,再问问自己,你是否还可以再忍 10 分钟。就这样一轮一轮地忍过去,等到欲望完全消失。时间够的话,毒瘾总会过去的。

◎ 保持身体健康

1. 吃得健康

人的身心其实有着微妙的联系，你的意识其实是由大脑操控的，而大脑又是身体的一部分，这也说明身体的健康和心理的健康是紧密相连的。毒品会导致心理问题，而身心又是相连的，保持身体健康其实是远离毒品的重要因素。保持身体健康的方法之一就是饮食有营养，多吃精瘦肉、坚果、水果和蔬菜。说不定你会因此爱上做饭，从而把它当作一个兴趣爱好，也会帮助你远离毒品。

2. 多运动

运动可以促进大脑分泌内啡肽，同样能让你感觉很好，并且没有什么害处。运动能减压，甚至能抗轻微抑郁。压力和抑郁都是吸毒的诱因之一，所以经常运动对远离毒品也很重要。

3. 避免摄入过多咖啡因

过多的咖啡因会让你神经过敏和焦虑，从而增加压力，也增加了使用毒品缓解压力的可能。

4. 保证有充足的睡眠

睡眠不足会影响心理状态，从而产生疲劳、悲伤和焦虑等感觉，这些消极情绪会增加你使用毒品的可能。

5. 放松身心

尝试一些放松的方法来保持身心健康。放松身心能排解消极情绪和肌肉紧张等身体消极反应，从而减少压力对身体的负面影响。压力是导致人们使用毒品的一个常见因素，处理好压力一定程度上会帮助你摆脱毒品的困扰。尽情想象，用心去想象一些平和放松的图面，调动你身体的所有感官去想象自己身处在一片平静的汪洋之中，想象海风咸咸的味道，微风拂过身体的感觉和温暖的阳光,让自己全身心地沉入这个想象之中。可以试试瑜伽或者太极这类放松的运动。

◎ 寻找治疗方法

1. 寻找心理咨询

正在摆脱毒品的人需要帮助和指导,心理咨询能在你意志力薄弱的时候,为你提供远离毒品所需要的帮助。行为治疗法对帮助吸毒人士摆脱吸毒的欲望和戒毒非常有效,比如认知行为治疗。家庭的关怀也很有用,特别是对于那些因为家庭问题而走上吸毒道路的人。突变管理可以积极地强化人的心理,其中包括对远离毒品给予奖励,等等。

2. 考虑进戒毒所

住院和非住院戒毒所各有各的优点和缺点。住院戒毒所会密切监督你的行为,切断所有吸毒的可能,戒毒的进程也会相对快一些,但是它的价格比较高,而且会影响工作等日常活动。非住院戒毒所治疗花费少,对生活的影响也更小,但因为不能全面地管控你的生活,所以不如前者有效,它的优点在于更便宜,也更自由。根据吸毒人士的毒瘾、吸毒量、吸毒时间、年龄和身体状况等因素来综合考虑,选择最佳的治疗方法。毒瘾特别大的人、吸毒史比较长的人、因为吸毒而有过犯罪记录的人、因为吸毒有社交问题的人,一般都需要住在戒毒所里戒毒。

3. 找个支持者

许多戒毒组织会给他们的新成员分派一个直接的帮助人,他一般是一个成功戒毒的人,会一步一步带领你摆脱毒品。一个好的支持者会帮你渐渐成长起来,逐渐摆脱毒品,让你更自主,更爱自己,更有激情,不再那么敏感,帮助你渐渐主宰你的生活。如果你不怎么坚持,完全没有进步,他们也可能不再帮助你。

二、远离毒品,做到"十不要"

(1) 不要因为遇到不顺心的事而以吸毒消愁解闷。要勇敢面对失学、失恋等人生挫折。

(2) 不要放任好奇心。如果因好奇心以身试毒,一试必付出惨痛代价。

(3) 不要抱侥幸心理。吸毒极易成瘾,试一下将会悔恨终生。

(4) 不要结交有吸毒、贩毒行为的人。遇有亲友吸毒,一要劝阻,二要回避,三要举报。

(5) 不要在吸毒场所停留。身处毒雾缭绕的地方实际是不自觉吸毒,万万不可停留。

（6）不要听信吸毒是"高级享受"的谣言，吸毒一口，痛苦一生。

（7）不要接受吸毒人的香烟或饮料，因为他们可能会诱骗你吸毒。

（8）不要听信毒品能治病的谎言，吸毒摧残身体，根本不可能治病。

（9）不要虚荣，以为有钱人才吸得起毒。吸毒是一种愚昧可耻的行为。

（10）不要盲目仿效吸毒者，也不要崇拜吸毒的"偶像"，这种赶时髦的心理既幼稚又糊涂。

第三节　戒毒治疗

戒毒是指吸毒人员戒除吸食、注射毒品的恶习及毒瘾。对吸毒者进行戒毒治疗，一般应包括三个阶段：脱毒—康复—重新步入社会的辅导。

一、主要的戒毒方法

现在一般采用自然戒断法、药物戒断法及非药物戒断法。

1. 自然戒断法

它又称干戒法，是指强制中断吸毒者的毒品供给，仅提供饮食与一般性照顾，使其戒断症状自然消退而达到脱毒目的的一种戒毒方法。这种戒毒方法特点是不给药，缺点是比较痛苦。

2. 药物戒断法

它又称药物脱毒治疗，是指给吸毒者服用戒断药物，以替代、递减的方法，减缓、减轻吸毒者戒断症状的痛苦，逐渐达到脱毒的戒毒方法。

药物戒断法主要分为两大类：一类是阿片类替代疗法，另一类是非阿片类替代疗法。

（1）阿片类替代治疗

在药物戒断法中，阿片类替代治疗是最传统和常用的方法。它主要就是利用和毒品有相似作用的药物来替代真的毒品，来减轻阶段症状的严重

程度，让病人能够耐受较好。然后在一定的时间内，一般来说是两到三周的时间内，将替代药物逐渐减少，最后停用。

目前常用的替代药物有美沙酮和丁丙诺啡，使用剂量应该根据病人的实际情况而定，然后根据病人的躯体反应逐渐减量。使用替代药物的基本原则是：替代药物就是只减不加，先快后慢，限时减完。

（2）非阿片类替代疗法

在药物戒断法中，非阿片类药物疗法是利用一些药物来减轻戒断阶段的症状，让病人能够耐受较好。相对而言，非阿片类药物疗法控制戒断症状不如阿片类药物疗法，药物不良反比较明显，个别药物不良反应严重，但是它最大的优点是没有成瘾性。

3. 非药物戒断法

它是指采用针灸、理疗仪等，减轻吸毒者戒断症状反应的一种戒毒方法。其特点是通过辅助手段和心理暗示的方法减轻吸毒者戒断症状痛苦达到脱毒目的。它的缺点是时间长，巩固不彻底。

二、我国主要的戒毒模式

我国对戒毒模式基本框架的表述可以概括为：戒毒工作以社区为基础，家庭为依托，采取社区戒毒、强制隔离戒毒、戒毒康复等多种措施，建立戒毒治疗、康复指导、救助服务功能兼具的工作体系。

◎ 自愿戒毒

国家鼓励吸毒成瘾人员自行戒除毒瘾。吸毒人员可以自行到戒毒医疗机构接受戒毒治疗。对自愿接受戒毒治疗的吸毒人员，公安机关对其原吸毒行为不予处罚。

1. 自愿戒毒的含义

自愿戒毒是指吸毒成瘾者意识到吸毒行为给自己、家庭、社会带来的影响与伤害，主动自愿（或经监护人同意）到司法行政机关开办的戒毒康复中心接受脱毒治疗的过程。戒毒医疗机构或者医疗机构从事戒毒治疗业务，应当符合国务院卫生行政部门规定的条件，报所在地的省、自治区、直辖市人民政府卫生行政部门批准，并报同级公安机关备案。自愿戒毒的主要目的是生理脱瘾，摆脱心理对毒品的依赖。

2. 自愿戒毒的相关规定

《戒毒条例》第二章中对自愿戒毒流程、医疗机构的义务等进行了详细的规定：

第十条　戒毒医疗机构应当与自愿戒毒人员或者其监护人签订自愿戒毒协议，就戒毒方法、戒毒期限、戒毒的个人信息保密、戒毒人员应当遵守的规章制度、终止戒毒治疗的情形等作出约定，并应当载明戒毒疗效、戒毒治疗风险。

第十一条　戒毒医疗机构应当履行下列义务：

（一）对自愿戒毒人员开展艾滋病等传染病的预防、咨询教育；

（二）对自愿戒毒人员采取脱毒治疗、心理康复、行为矫治等多种治疗措施，并应当符合国务院卫生行政部门制定的戒毒治疗规范；

（三）采用科学、规范的诊疗技术和方法，使用的药物、医院制剂、医疗器械应当符合国家有关规定；

（四）依法加强药品管理，防止麻醉药品、精神药品流失滥用。

第十二条　符合参加戒毒药物维持治疗条件的戒毒人员，由本人申请，并经登记，可以参加戒毒药物维持治疗。登记参加戒毒药物维持治疗的戒毒人员的信息应当及时报公安机关备案。

戒毒药物维持治疗的管理办法，由国务院卫生行政部门会同国务院公安部门、药品监督管理部门制定。

3. 自愿戒毒的过程和管理

目前,全国各地自愿戒毒机构缺乏统一规范,而需要戒毒的人员数量日益增多。因此,有必要建立一种更为科学、合理、规范的新型自愿戒毒模式。自愿戒毒康复中心按照"依法、规范、科学、文明"的管理原则,实行强制管理、自愿戒毒。

自愿戒毒者参加自愿戒断需个人拥有强烈的自愿戒断意愿,并且人格健全、认知良好;并且排除心脏病、癫病、精神分裂症、恶性肿瘤等疾病史。自愿戒毒人员到自愿戒毒中心进行戒毒,中心会与自愿戒毒人员或其监护人签订自愿戒毒协议,约定戒毒方法、戒毒期限、戒毒人员的个人信息保密、戒毒人员应当遵守的规章制度、终止戒毒治疗的情形等内容,并写明戒毒疗效、戒毒治疗风险,同时根据物价部门定价收取一定费用。

吸食毒品单一、时间短、无明显躯体症状的属于轻型成瘾者,可单独采用心理戒毒疗法。主要治疗期1个月到3个月,辅助治疗期为3个月。吸食毒品时间超过一年,吸食毒品种类超过3种以上,有明显的躯体症状,并且已经形成毒瘾的中型成瘾者,主要治疗期通常为1~3个月,辅助治疗期为6个月。有多年吸毒经历,吸食毒品种类超过3种以上,有严重的躯体症状和心理依赖的为重型成瘾者,需要在接受药物治疗与生理治疗的同时段介入其他治疗手段,主要治疗期通常为3~6个月,辅助治疗期为6个月。

自愿戒毒初期,戒断反应是一个坎。一般戒毒人员开始接受治疗的三天到一周左右的时间内,会因为停止吸食毒品而出现戒断反应,主要表现为狂躁不安。戒毒中心通常会科学地进行治疗,通过心理干预、药物辅助等方式,帮助戒毒人员度过戒断反应期。戒断反应之后,戒毒人员整体会变得平稳,进入稳定期和恢复期,然后再经过心理疏导和康复锻炼,自愿戒毒人员的情况会好转。

自愿戒毒是主动戒毒,戒毒中心要依法对自愿戒毒人员进行管理,保证其遵纪守法、服从管理、配合治疗，否则可以取消其自愿戒毒的资格并移送有关部门处理。

自愿戒毒中心要规范管理。按照公安机关、卫生部门的有关规定，对接收自愿戒毒人员和治疗、卫生、生活、教育、安全等方面做出相应的规定，要求自愿戒毒人员遵守。同时，明确医生、护士、保安、辅导员的职责和纪律要求，做到规范管理、规范治疗、规范教育、规范生活，从而达到真正的戒毒目的。

吸毒者是违法者，同时也是受害者，也是一种病人。自愿戒毒中心要采取一种既不同于强制隔离戒毒，又不同于社区戒毒的科学管理模式。科学管理主要体现在人性化治疗、教育和生活上。自愿戒毒中心要创造医院式、学校式、家庭式的戒毒环境，工作人员要对自愿戒毒人员进行精心治疗、耐心教育和热心服务。戒毒中心要保护戒毒人员的合法权益，对戒毒人员不打骂、不侮辱人格、不接受戒毒人员的贿赂，保护戒毒人员的隐私。自愿戒毒中心要采取"医教并举"的方法，使戒毒人员真正走上康复之路。

4. 自愿戒毒的意义

自愿戒毒工作始终坚持"预防为主、综合治理，禁种、禁制、禁贩、禁吸并举"的禁毒工作方针，坚持"以人为本、依法管理、科学戒毒、综合矫治、关怀救助"的原则，帮助吸毒成瘾人员戒除毒瘾，回归社会。自愿戒毒是一种重要的戒毒模式，是强制隔离戒毒的重要补充。开展自愿戒毒工作，为大量社会闲散吸毒人员提供对症治疗，帮助他们缓解、戒除毒瘾，给予他们充分的人文关怀，进而减少毒品需求，萎缩毒品市场，巩固戒断率。

◎ 社区戒毒

《戒毒条例》规定：对吸毒成瘾人员，县级、设区的市级人民政府公安机关可以责令其接受社区戒毒，并出具责令社区戒毒决定书。社区戒毒人员应当自收到责令社区戒毒决定书之日起15日内到社区戒毒执行地乡（镇）人民政府、城市街道办事处报到，无正当理由逾期不报到的，视为拒绝接受社区戒毒。

1. 社区戒毒的含义

社区戒毒就是指吸毒成瘾人员在社区的牵头、监管下，整合家庭、社区、公安以及卫生、民政等力量和资源，使吸毒人员在社区里实现戒毒。对吸毒成瘾人员，公安机关可以责令其接受社区戒毒，同时通知吸毒人员户籍所在地或者居住地的城市街道办事处、乡镇人民政府。戒毒人员应当在户籍所在地接受社区戒毒；在户籍所在地以外的现居住地有固定住所的，可以在现居住地接受社区戒毒。社区戒毒的期限为三年。

社区戒毒工作由城市街道办事处、乡镇人民政府负责实施，县级以上人民政府相关部门应当依法履行职责。城市街道办事处、乡镇人民政府应当确定负责社区戒毒的工作部门，可以制定有关基层组织，根据戒毒人员本人及其家庭情况，与戒毒人员签订社区戒毒协议，落实有针对性的社区戒毒措施。公安机关和司法、卫生、民政等行政部门应当对社区戒毒工作提供指导和协助。按照每20名吸毒人员配备一名戒毒专职人员的比例，配备社区戒毒专职人员，制定社区戒毒工作计划，指导成立社区戒毒工作小组，落实社区戒毒措施。

2. 社区戒毒的相关规定

《中华人民共和国禁毒法》第三十九条中规定：怀孕或者正在哺乳自己不满一周岁婴儿的妇女吸毒成瘾的，不适用强制隔离戒毒。不满十六周岁的未成年人吸毒成瘾的，可以不适用强制隔离戒毒。对依照前款规定不适用强制隔离戒毒的吸毒成瘾人员，依照本法规定进行社区戒毒，由负责社区戒毒工作的城市街道办事处、乡镇人民政府加强帮助、教育和监督，督促落实社区戒毒措施。因此，社区戒毒的适用对象主要为：因吸毒被公安机关初次查获，有固定住所和稳定的生活来源，具备家庭监护条件的；因其他违法犯罪行为被查获且不符合强制隔离戒毒条件的；不满十六周岁、七十周岁以上、怀孕或正在哺乳自己不满一周岁婴儿、因患有严重疾病或者残疾生活不能自理以及法律法规规定的其他不适宜强制隔离戒毒的。

《戒毒条例》中对社区戒毒相关流程做出了具体的规定：

第二十二条　社区戒毒人员应当自收到责令社区戒毒决定书之日起7日内到户籍所在地或者现居住地乡（镇）人民政府、城市街道办事处报到，无正当理由逾期不报到的，视为拒绝接受社区戒毒。社区戒毒的期限为3年，自报到之日起计算。

第二十三条　乡（镇）人民政府、城市街道办事处或者其指定的村民委员会、居民委员会，应当根据社区戒毒人员本人和家庭情况，在社区戒毒人员报到后及时与其签订社区戒毒协议。

第二十四条　乡（镇）人民政府、城市街道办事处应当确定负责社区戒毒的工作机构，根据工作需要配备社区戒毒专职工作人员，制定社区戒毒工作计划，督促、指导各相关人员按照社区戒毒协议落实社区戒毒措施。

第三十一条　社区戒毒自期满之日起解除。社区戒毒执行地乡（镇）人民政府、城市街道办事处应当将社区戒毒协议、社区戒毒过程中的有关材料报社区戒毒执行地公安机关和决定社区戒毒的公安机关备案，由社区戒毒执行地公安机关出具解除社区戒毒通知书送达社区戒毒人员本人及其家属，并通知社区戒毒执行地乡（镇）人民政府、城市街道办事处。

3. 社区戒毒的管理

根据《中华人民共和国禁毒法》《戒毒条例》的规定，包括以下内容：

（1）社区戒毒人员应当自收到责令社区戒毒决定书之日起15日内到社区戒毒执行地乡（镇）人民政府、城市街道办事处报到，无正当理由逾期不报到的，视为拒绝接受社区戒毒。

（2）社区戒毒应当由社区戒毒人员的监护人或者其他家庭成员、社区民警、社区医务人员、戒毒社会工作者以及禁毒志愿者等组成社区戒毒工作小组负责实施。有女性社区戒毒人员的社区戒毒工作小组，应该至少有1名女性工作人员。

（3）乡（镇）人民政府、城市街道办事处和社区戒毒工作小组应当采取下列措施管理、帮助社区戒毒人员：戒毒知识辅导；教育、劝诫；职业技能培训，职业指导，就学、就业、就医援助；帮助戒毒人员戒除毒瘾的其他措施。

（4）戒毒人员在进行社区戒毒期间，应当严格接受管理：认真履行社区戒毒协议；根据公安机关的要求，定期报告戒毒情况；定期接受检测；未向社区戒毒工作小组成员报告不得离开社区戒毒执行地所在县（市、区）24小时以上，离开3日以上的，须提前递交书面报告。对违反社区戒毒协议的戒毒人员，参与社区戒毒的工作人员应当对其进行批评、教育；

（5）戒毒人员在社区戒毒期间，不按规定报告戒毒情况3次以上；逃避或者拒绝接受检测3次以上，擅自离开社区戒毒执行地所在县（市、区）3次以上或者累计超过15日的，拒绝接受社区戒毒，在社区戒毒期间又吸食、注射毒品，以及严重违反社区戒毒协议的，都属于严重违反社区戒毒协议。社区戒毒专职工作人员、社区戒毒工作小组以及其他参与社区戒毒工作的人员应当及时向当地公安机关和乡（镇）人民政府、城市街道办事处报告

（6）对于严重违反社区戒毒协议的戒毒者，公安机关可以直接作出强制戒毒的决定。

4.社区戒毒的意义

社区戒毒在禁毒工作中具有重要地位，因为社区戒毒是最能广泛发动全社会参与禁毒的方式。我国的登记在册的吸毒人数超过一百万，实际吸毒人数可能更多，面对如此多的吸毒人员，光靠公安和有关执法部门是无

法彻查治理的。这就需要禁毒社工、志愿者和社区群众的共同参与，举报涉毒人员，提供涉毒线索，配合社区戒毒、康复工作，营造"全民参与禁毒"的社会氛围，形成全社会的强大合力，可以提升禁毒工作的效率，取得禁毒工作的成效。

◎ 强制隔离戒毒

对吸毒成瘾人员，公安机关可以依法予以治安管理处罚和强制隔离戒毒。强制隔离戒毒措施不是行政处罚，而是一种强制性的戒毒治疗措施。

1. 强制隔离戒毒的含义

强制隔离戒毒，是指对吸食、注射毒品成瘾人员，在一定时期内通过行政措施对其强制进行药物治疗、心理治疗和法制教育、道德教育，使其戒除毒瘾。强制隔离戒毒工作由公安机关主管，县级以上地方各级人民政府卫生部门、民政部门，配合公安机关的强制隔离戒毒工作。

2. 强制隔离戒毒的相关规定

《中华人民共和国禁毒法》第三十八条规定：吸毒成瘾人员有下列情形之一的，由县级以上人民政府公安机关作出强制隔离戒毒的决定：

（1）拒绝接受社区戒毒的；

（2）在社区戒毒期间吸食、注射毒品的；

（3）严重违反社区戒毒协议的；

（4）经社区戒毒、强制隔离戒毒后再次吸食、注射毒品的。

对于吸毒成瘾严重、通过社区戒毒难以戒除毒瘾的人员，公安机关可以直接做出强制隔离戒毒的决定。吸毒成瘾人员自愿接受强制隔离戒毒的，经公安机关同意，可以进入强制隔离戒毒场所戒毒。

第四十条　公安机关对吸毒成瘾人员决定予以强制隔离戒毒的，应当制作强制隔离戒毒决定书，在执行强制隔离戒毒前送达被决定人，并在送达后二十四小时以内通知被决定人的家属、所在单位和户籍所在地公安派出所；被决定人不讲真实姓名、住址，身份不明的，公安机关应当自查清其身份后通知。

被决定人对公安机关作出的强制隔离戒毒决定不服的，可以依法申请行政复议或者提起行政诉讼。

第四十七条　强制隔离戒毒的期限为二年。

执行强制隔离戒毒一年后，经诊断评估，对于戒毒情况良好的戒毒人员，强制隔离戒毒场所可以提出提前解除强制隔离戒毒的意见，报强制隔离戒毒的决定机关批准。

强制隔离戒毒期满前，经诊断评估，对于需要延长戒毒期限的戒毒人员，由强制隔离戒毒场所提出延长戒毒期限的意见，报强制隔离戒毒的决定机关批准。强制隔离戒毒的期限最长可以延长一年。

第四十八条　对于被解除强制隔离戒毒的人员，强制隔离戒毒的决定机关可以责令其接受不超过三年的社区康复。

3. 强制隔离戒毒的管理

《中华人民共和国禁毒法》《司法行政机关强制隔离戒毒工作规定》等法律法规对强制隔离戒毒人员的管理和强制戒毒场所的管理进行了详细的规定。

（1）戒毒人员进入强制隔离戒毒场所戒毒时，强制隔离戒毒所应对其身体和携带物品进行检查，依法处理违禁品，对生活必需品以外的其他物品进行登记并由戒毒人员本人签字，由其亲属领回或者由戒毒所代为保管。检查时应当有2名以上人民警察在场。戒毒人员在戒毒所内不得持有、使用移动通信设备。

（2）强制隔离戒毒场所应当根据戒毒人员吸食、注射毒品的种类及成瘾程度等，对戒毒人员进行有针对性的生理、心理治疗和身体康复训练。根据戒毒的需要，强制隔离戒毒场所可以组织戒毒人员参加必要的生产劳动，对戒毒人员进行职业技能培训。

（3）强制隔离戒毒场所应当根据戒毒人员的性别、年龄、患病等情况，对戒毒人员实行分别管理。强制隔离戒毒场所对有严重残疾或者疾病的戒毒人员，应当给予必要的看护和治疗；对患有传染病的戒毒人员，应当依法采取必要的隔离、治疗措施；对可能发生自伤、自残等情形的戒毒人员，可以采取相应的保护性约束措施。强制隔离戒毒场所管理人员不得体罚、虐待或者侮辱戒毒人员。

（4）戒毒人员的亲属可按照强制隔离戒毒所探访规定进行探访，戒毒所应当检查探访人员身份证件，正被采取保护性约束措施或者正处于单独管理期间的戒毒人员，不予安排探访。探访人员交给戒毒人员物品须经批准，并由人民警察当面检查；探访人员利用探访传递违禁品的，应当依照有关规定处理。

（5）戒毒人员应该严格遵守戒毒所相关规定，如果违反戒毒人员行为规范、不遵守强制隔离戒毒所纪律，经教育不改正的；欺侮、殴打、虐待其他戒毒人员的；隐匿违禁品的；交流吸毒信息、传授犯罪方法的，戒毒大队给予警告、训诫和责令具结悔过；对有严重扰乱所内秩序、私藏或者吸食、注射毒品、预谋或者实施脱逃、行凶、自杀、自伤、自残等行为以及涉嫌犯罪应当移送司法机关处理的戒毒人员，戒毒所应当对其实行单独管理，并且安排人民警察专门管理。1次单独管理的时间不得超过5日。单独管理不得连续使用。

（6）戒毒人员不服从管理脱逃的，强制隔离戒毒所应当立即通知当地公安机关，并配合公安机关追回脱逃人员。被追回的戒毒人员应当继续执行强制隔离戒毒，脱逃期间不计入强制隔离戒毒期限。对被追回的戒毒人员不得报请提前解除强制隔离戒毒。

（7）戒毒所对戒毒人员要经常开展卫生、法制、道德和形势政策等教育，还应当对戒毒人员开展有针对性的个别教育。戒毒大队人民警察应当熟悉分管戒毒人员的基本情况，掌握思想动态，对分管的每名戒毒人员每月至少进行一次个别谈话。戒毒人员有严重思想、情绪波动的，应当及时进行谈话疏导。

（8）强制隔离戒毒的期限为二年。执行强制隔离戒毒一年后，经诊断评估，对于戒毒情况良好的戒毒人员，强制隔离戒毒场所可以提出提前解除强制隔离戒毒的意见，报强制隔离戒毒的决定机关批准。强制隔离戒毒期满前，经诊断评估，对于需要延长戒毒期限的戒毒人员，由强制隔离戒毒场所提出延长戒毒期限的意见，报强制隔离戒毒的决定机关批准。强制隔离戒毒的期限最长可以延长一年。

（9）强制隔离戒毒可以为吸毒成瘾人开展康复训练和职业技能培训，应当在戒毒人员出所前进行回归社会教育，帮助其重返社会。

4. 强制隔离戒毒的意义

强制隔离戒毒能使涉毒人员尽快脱离毒品，恢复健康，它和自愿戒毒、社区戒毒共同构成了现阶段戒毒措施的基本体系。强制戒毒是一种惩戒措施，同时也是戒毒的有效手段，如果我们国家不实行强制隔离戒毒，毒品对社会和家庭的危害会更加严重。吸毒成瘾具有高复发性的特点，强制戒毒只是手段，不是最终目的。戒毒人员通过强制戒毒，身体体得到康复，认知、心理或行为得到一定程度修正，可以使其良知得到恢复，唤起他们对家庭的责任意识，这对预防和减少违法犯罪，维护社会稳定具有重要的意义。

◎ 戒毒康复

1. 戒毒康复的含义

社区康复，是指原决定强制隔离戒毒的公安机关，对于解除强制隔离戒毒人员，责令其接受不超过三年的戒毒康复措施。它由原决定强制隔离戒毒的县级以上公安机关决定，乡（镇）人民政府、城市街道办事处执行，社区康复工作小组具体开展的，对吸毒成瘾严重人员的戒毒康复、帮扶救助、教育和管理的一项行政强制措施。

2. 强制隔离戒毒的相关规定

《中华人民共和国禁毒法》第四十八条规定：对于被解除强制隔离戒毒的人员，强制隔离戒毒的决定机关可以责令其接受不超过三年的社区康复。

社区康复参照本法关于社区戒毒的规定实施。

第四十九条　县级以上地方各级人民政府根据戒毒工作的需要，可以开办戒毒康复场所；对社会力量依法开办的公益性戒毒康复场所应当给予扶持，提供必要的便利和帮助。戒毒人员可以自愿在戒毒康复场所生活、劳动。戒毒康复场所组织戒毒人员参加生产劳动的，应当参照国家劳动用工制度的规定支付劳动报酬。

3. 戒毒康复的管理

戒毒人员具有下列情形之一的，县级以上公安机关或者司法行政部门可以建议其到戒毒康复场所执行社区戒毒或社区康复：无家可归或没有固定住所的；无生活来源的；无业可就或者缺乏就业条件需要进行再就业培训的；不具备社区戒毒或者社区康复监护条件的。未满16周岁，严重病患者，传染病患者，精神病患者，以及其他不宜收治的人员，戒毒康复场所可不予收治。

戒毒康复场所收治戒毒康复人员时，要与戒毒人员签订戒毒康复协议；并建立戒毒康复人员档案。

戒毒康复场所对新收治的戒毒康复人员的身体和所携带物品进行安全检查，对外出回所的戒毒康复人员的身体和所携带物品进行安全检查。对女性戒毒康复人员的身体检查应当由女性管理人员实施。对戒毒康复人员本人不宜持有的物品，应当进行登记，由戒毒康复场所代为保管，或由其

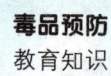

亲属领回。

戒毒康复场所要根据戒毒康复人员的身体状况，制定有针对性的康体计划，组织其参加体育活动，增强体质，促进身体恢复。

戒毒康复场所可以按照国家有关规定开展脱毒治疗工作，对戒毒康复人员开展以毒品知识、毒品危害、戒毒康复为主要内容的教育，增强戒毒康复人员抵御毒品的信心和能力；组织戒毒康复人员参加各种文化娱乐活动，营造良好的戒毒氛围。

戒毒康复期满后，戒毒康复场所检验已生理脱毒的戒毒人员，由康复场所领导批准后办理有关手续，通知其家属和所在地镇（办）领回。对戒毒期满、离开康复场所的珠戒毒人员，禁毒办和辖区派出所、村（居）委、相关单位落实帮教措施。

4. 戒毒康复的意义

戒毒康复是我国法律规定的戒毒后续跟进服务措施，采用带有强制性的责令手段进行后续照顾。戒毒康复可以使重染毒品发生率会大大降低。被解除强制隔离戒毒人员半年内复吸比率高，对他们实施戒毒康复是防止复吸、实施社会帮教的重要时间环节。戒毒康复有助于戒毒康复人员找回自我、找回自尊、找回自信，使他们重新走上工作岗位，重新融入社会，重树信心、自立自强、开始新生。

三、戒毒"九不要"

1. 不信特效

由于海洛因依赖者在脱毒治疗后复吸率高，患者及家人便希望有一种能根治毒瘾的特效药，于是许多人费尽心思挖掘古方。把戒毒的希望寄托在特效药上是错误的，因为药物依赖者需要调整的是人生态度和生活方式，对这一点，药物是无能为力的。

2. 不信传说

常听前来戒毒的患者说：某某地方有一种脱瘾的针，注射后就会出现一些四处摸索的动作，说是在寻找注射空针、药物，是在发药瘾，药瘾一过，身体里的毒就没有了。还有人说某种理疗方法可根治毒瘾，还有的人认为换血后可以根治……以上这些说法都是没有科学道理的。由于大多数吸毒者都有多次戒毒失败的经历，常常四处求医，容易轻信传说。

3. 不放纵

很多戒毒后的人均因放纵自己而成为复吸者。有人认为，吸一口不会上瘾；有的人则对自己说，吸最后一口，以后就再不去碰毒品，与毒品彻底决裂。这些想法是非常错误的。戒毒后绝对不能再去碰毒品，哪怕是一口也会使此前所有的努力功亏一篑。

4. 不乱投医

有资料证明，戒毒成功率的高低除了与社会支持、家庭关怀、良好的自制力和决心相关外，还与医生的医德、技术有关。戒毒者最好到正规的戒毒中心去治疗，一来可以得到国内比较先进的治疗药物和先进的治疗方法，更重要的是可以及时发现戒断反应中的并发症。

5. 不逃避

社会的支持是戒毒成功的重要保证。逃避现实，害怕结识新朋友，会使戒毒者重新回到以前的朋友圈子里，最终导致复吸。

6. 不要怀孕

女性吸毒者或者夫妻双方均吸毒的家庭，如果不能彻底戒除毒品，最好不要生育，因为海洛因可致流产、早产和死胎。一些婴儿即使出生时成活，也会因体重不足、戒断综合征等原因而夭折。更为重要的是小孩的教育问题，吸毒者的家庭环境对小孩的成长极为不利。

7. 不要三弃

戒毒怕三弃：家人遗弃！社会唾弃！自暴自弃！

8. 不注射

有的人为了追求强烈的药效而滥用静脉注射。共用注射器、注射器不消毒、海洛因不纯、溶剂不清洁等可引起各种感染。

9. 不失信心

据悉，戒毒者一般要经过七八次戒毒后方能见成效。如果患者每次戒毒后均坚持减量，并不断总结经验，不懈地努力，就一定能见效。

第四节　毒品与艾滋病

一、艾滋病概述

1. 艾滋病

艾滋病的英文缩写为"AIDS",医学全称"人类获得性免疫缺陷综合征",是由艾滋病毒"HIV"引起的一种病死率极高的慢性传染病。艾滋病病毒侵入人体后,主要侵犯和破坏辅助性T淋巴细胞,使机体的细胞免疫功能受损,最后并发各种严重的机会性感染和肿瘤,最终导致死亡。

艾滋病病毒对外界环境的抵抗力比较弱,离开人体后,常温下只可生存数小时至数天。高温、干燥以及常用消毒剂都可以杀灭这种病毒。虽然目前还没有能够预防艾滋病的疫苗和治愈的药物方法,但已经有用于临床治疗的多种抗病毒药物能够有效地抑制人体内HIV病毒的复制,很大程度上缓解了艾滋病病人的症状和延长了患者的生命。

2. 艾滋病病毒和艾滋病病人

艾滋病病毒感染者是指感染艾滋病病毒,未出现临床症状或出现临床症状,但未达到国家规定的AIDS病例诊断标准者,包括HIV急感期、无症状期和艾滋病前期的患者。

艾滋病病人是指感染艾滋病病毒,出现临床症状,并达到国家规定的AIDS病例诊断标准的患者。

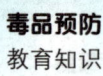

3. 艾滋病的传播途径

HIV传播的四个基本条件：一是病毒必须从感染者的身体排出；二是病毒必须处于能够存活的条件下；三是必须有足够多能引起感染的病毒；四是病毒必须进入另外一个人的血液中。

艾滋病病毒的传染途径有四种：静脉吸毒者共用被感染的注射器；与感染者的性接触；接受被感染者的血或血制品；妊娠围产期母婴之间的垂直传播。

那么为什么吸毒者中感染艾滋病的人这么多呢？吸毒者的构成以中青年、文化程度低、卫生观念淡薄者为多。乡村和边疆地区的吸毒者也不少。由于海洛因的成瘾性，吸毒者通常走向静脉注射毒品方式吸毒的道路，吸毒者毒瘾发作时总是急不可待地由静脉推入海洛因溶液。由于卫生观念差和吸毒者成群接触，一个注射器常常反复使用或多人共用，只要一个是艾滋病毒的感染者，病毒便可通过此途径进入其他人体内。另一个原因是不少女性吸毒者为了购买毒品而"以淫养吸"，这些人对性交如同家常便饭一样随意。这两个原因无疑使吸毒者的艾滋病病毒感染率增高。从人类认识疾病以来，很少有疾病会像艾滋病传播这样迅速。根据美国卫生部门出具的《艾滋病毒监测报告》显示，2020年美国有近110万人被诊断出患有艾滋病毒，并且仍在迅速蔓延。因此，在吸毒人群及高危人群中宣传有关艾滋病的知识已经成为预防艾滋病的最根本措施之一。

二、吸毒人群中艾滋病的预防

根据国内外大量流行病学调查，吸毒者在初始吸毒时一般以烫吸方式为主，但绝大多数吸毒者或早或迟会发展成为注射方式吸毒。中国药物依赖性研究所在对西南四地区吸毒者吸毒行为的调查中发现，吸毒者在吸毒后平均1.3年从烫吸方式吸毒转为注射方式吸毒。绝大多数吸毒者有艾滋病感染、传播的高危行为,这些高危行为包括:注射方式吸毒、共用注射器、非婚性行为、性活动不戴安全套、性伙伴中多数是艾滋病感染高危人群等。我国目前艾滋病感染者中,有大约70%是吸毒者;这些人既是吸毒者,同时又是艾滋病病人,如果不能很好控制,势必会导致艾滋病的进一步蔓延,造成更为严重的公共卫生问题和社会问题。

要想预防艾滋病在吸毒者中流传,就要从以下几个方面做好预防工作。

- 对吸毒者进行艾滋病知识宣传

通过戒毒所、社区、家庭向吸毒者介绍艾滋病感染和传播途径,尤其要充分利用吸毒人员在戒毒所时容易管理的机会认真宣传;同时有必要对每一位注射式吸毒者进行艾滋病检测,原因是:据报道,我国有接近90%的感染者自己不知道已感染HIV。在我国,静脉注射毒品是HIV的主要传播方式。因此在静脉注射毒品者中,要教育他们改变行为方式,如教育他们放弃吸毒,如果做不到,请不要静脉注射毒品,如果仍然采用静脉注射方式,不要与其他人共用注射器,如果共用请对注射器消毒。同时教育吸毒者不要卖淫嫖娼,尽量避免去吸毒场所或娱乐场所,以免引起复吸。如果有性行为,应坚持每次用安全套。为了改变吸毒者的行为方式,有些地区已经开展了针具交换的试点工作。

- 推广美沙酮维持疗法

由于吸毒者在身体脱毒结束后,复吸率相当高。目前从世界范围来讲,美沙酮维持疗法是较好的对抗复吸的措施。实践也表明,美沙酮维持疗法可以减少或停止静脉注射毒品,从而减少静脉注射吸毒者中共用注射器造成的HIV传播。据悉,卫健委在全国多地设立了数百个美沙酮替代治疗的门诊。

- 提倡安全性行为

推广使用安全套计划,不仅要向吸毒者推广,同时也要在娱乐场所、

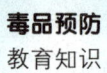

宾馆增加安全套的可获得性，并且加强对这些场所预防艾滋病的宣传力度。

- 加强社区宣传，建立心理咨询中心

进一步加强社区关于吸毒与艾滋病的宣传，如挂图和发宣传单。同时，应建立吸毒者心理咨询中心，可以通过聘请医院或大学中的心理医生开展讲座，这样可以避免帮教时精力不足导致的问题和缓解吸毒者的顾虑、抵触情绪等矛盾。通过心理咨询，加强预防吸毒与艾滋病的宣传，减少复吸率和艾滋病感染率。

- 加强相关法制建设

各部门仍要坚决打击贩卖、吸食毒品和卖淫嫖娼的违法犯罪行为，从源头上遏制吸毒与艾滋病的传播。对于明知自己已患艾滋病但仍然从事卖淫嫖娼行为的，应予以严厉打击。同时，加强主动救援吸毒的艾滋病人。艾滋病研究专家邱仁宗教授也曾指出，中国目前尚缺乏法律法规来应对对艾滋病感染者及高危人群的歧视。强有力的、可实施的、具有象征意义的法律力量既不会阻碍对艾滋病流行的有效应对，又能够支持和促进其他政策的开展。

- 加强农村人口的宣传教育

根据调查资料显示，部分地区将近1/4的吸毒者为农民，说明目前一些农村中的吸毒问题不容忽视。2021年，在我国14亿多的人口中，居住在乡村的人口为5亿多人，鉴于我国农民文化程度普遍不高，农村地区信息、知识传播和医疗卫生水平相对较落后以及经济欠发达的现状，加之流动性大的特点，预计农村农民和城市中的农民工有可能成为目前和今后一段时间最大的潜在艾滋病感染高危人群。因此，继续大力加强对农村，特别是偏远地区和毒品流行地区农村农民以及城市外来务工人员的艾滋病预防教育和高危人群的干预，这已成为遏制艾滋病在我国快速流行的一个关键环节。

珍爱生命 远离毒品

第三章 参与禁毒

第一节 毒品预防教育

一、毒品预防教育概述

◎ 毒品预防教育的概念

毒品预防教育是指通过各种途径让人们了解和认识造成毒品问题的基本因素和相关知识，揭示毒品对个人、家庭和社会的危害，提高全民"识毒、拒毒、防毒"的能力，鼓励公安机关、团体和个人积极参与禁毒斗争，从而构筑全社会防范毒品侵袭的有效体系。

◎ 毒品预防教育的主体及对象

毒品预防教育的主体不仅包括各级禁毒领导机构、人民政府、广播新闻电视、教育部门、工会、共产主义青年团、妇女联合会等，还包括乡镇基层政府、村民委员会、街道办事处、居民委员会等基层组织，还包括禁毒志愿者及广大人民群众，等等。

各级人民政府应当经常组织开展多种形式的禁毒宣传教育；新闻、出版、广播、电视等有关单位，应当有针对性地面向社会进行禁毒宣传教育；教育行政部门、学校应当将禁毒知识纳入教育、教学内容，对学生进行禁毒宣传教育；工会、共产主义青年团、妇女联合会应当结合各自工作对象的特点，组织开展禁毒宣传教育。乡镇基层政府、村民委员会、街道办事处、居民委员会应该在辖区的公共场所进行禁毒宣传教育，落实禁毒防范措施。

毒品预防教育的对象可分为一般对象与重点对象。所谓一般对象，是指不论男女老幼、干部群众、有业无业、有无前科、吸毒者或非吸毒者等，都是毒品预防教育的对象。全体社会成员，都应该无条件地接受毒品预防教育，都应该了解和懂得有关禁毒的基本常识，树立禁毒意识，积极响应并自觉参与各种禁毒活动。所谓重点对象，是指涉毒高危人群及毒品违法犯罪分子。从对吸毒人群进行的实证分析来看，青少年、流动人口、文化程度低者、无业人员等是涉毒的高危人群。对于重点对象，应加大教育力度和教育的针对性。

◎ 毒品预防教育的内容与途径

毒品预防教育的内容一般包括：

（1）禁毒历史：包括中外禁毒简史、国内外禁毒斗争现状等；

（2）毒品知识：包括毒品的概念、分类、不同性状与特征等，生理危害、心理危害、社会危害等；

（3）成瘾机理：包括吸毒成瘾的机理、吸毒者的躯体特征和心理特征、

吸毒的早期发现等；

（4）毒品违法犯罪与禁毒法律、法规对毒品违法犯罪活动的处罚等；

（5）戒毒知识：包括生理戒毒、心理戒毒、戒毒的原理、戒毒机构介绍等；

（6）禁毒意识：包括了解掌握一定的识毒、防毒、拒毒的策略与技能等。

毒品预防教育既要充分利用报刊、广播、电视、互联网等大众传媒的功能，又要善于发挥标语、墙报、招贴画、文艺演出等群众性宣传方式的作用；既可采取专题讲座、课堂讲授等形式，又可采取谈话、讨论等形式。方法可以多种多样，形式可以丰富多彩，关键是因地制宜，务求实效。

二、中小学生毒品预防教育

中小学生辨别是非能力差，好奇心强，对毒品的危害性和吸毒的违法性缺乏认识，易受毒品的侵袭，因此中小学生成为毒品预防教育的重点人群。

2021年10月26日，教育部印发《生命安全与健康教育进中小学课程教材指南》，文件中提出要在健康行为与生活方式领域中，纳入"认识毒品、杜绝毒品""了解毒品危害""了解禁毒相关知识"等禁毒预防教育内容。

通过在教材中增加相关的毒品预防教育内容，要使小学生认识毒品，能够列举毒品的常见种类（含新型毒品）；了解毒品对身体和心理的主要危害；学习预防毒品知识，增强杜绝毒品的意识；使初中生了解毒品对个人、家庭、社会等的危害；杜绝毒品；高中生了解禁毒（毒品）相关的主要法律知识；了解《中华人民共和国刑法》《中华人民共和国禁毒法》中关于毒品的内容。最终使中小学生深入认识和宣传毒品危害，全面普及防范知识，教育培养他们形成"珍爱生命、远离毒品""健康人生、绿色无毒"的理念。

学校和相关部门要认真开展好中小学生毒品预防教育"五个一"活动：

（1）参观一次禁毒展览。组织学生参观各级禁毒教育基地、园地和科普教育馆，通过制作禁毒宣传读本、折页、挂图等，向学生宣传禁毒知识。

（2）开展一次禁毒主题班会。学校和老师精心设计禁毒主题班会的内容和形式，鼓励学生开展模拟禁毒法庭、禁毒社会实践等活动，增强班会的教育效果。

（3）开展一次禁毒知识答题活动。学校要在开展毒品预防教育课时的基础上，积极组织开展禁毒与毒品预防知识答题活动。

（4）开展一次禁毒作品征集活动。以防范新型毒品对中小学生的危害为主题，组织开展征文、绘画、短视频等形式的作品征集活动，并利用各种方式进行展示。

（5）观看一次禁毒题材影视作品或文艺表演。学校可组织学生观看禁毒题材的优秀影片、电视剧、公益广告等，学校也可组织学生观看禁毒题材的话剧、情景剧等。

加强中小学生的毒品预防教育，可以取得"教育一个孩子、影响一个家庭、带动整个社会"的良好效果，也能带动全社会关注、参与毒品预防教育工作。

三、大中专学生毒品预防教育

大中专学校，是一个充满学术氛围和人文气息的地方，在这里，同学们可以汲取理论知识，进行各种学术研究。然而，学校已经不再是一个远离毒品的世外桃源，大中专学生吸毒甚至贩毒的新闻也时常被报道。学生了解有关毒品的知识比较少，面对毒品时不仅缺乏辨别能力，同时防范意识也十分欠缺。近年来，化学合成毒品问题日趋严重，由于制造工艺简单，价格较低，发展势头强劲，学生群体中也出现主动或被引诱吸毒。可以说，大中专学生的毒品预防教育已经迫在眉睫。

加强大中专学生毒品预防教育工作,增强学生识毒、防毒、拒毒意识,提高自我保护能力,要从以下几个方面入手。

1. 加强思想政治教育

大中专学生的思想尚未完全成熟,正处于世界观、人生观、价值观逐渐形成的阶段,具有较强的可塑性。院校应加大思想政治教育力度,用科学的理论武装人、用革命的信念教育人、用正确的舆论引导人,帮助学生树立为共产主义事业献身的远大理想和为祖国的繁荣、富强而奋斗的目标,帮助他们树立正确的世界观、人生观、价值观。只有这样,他们才能自觉抵制一切错误的价值观念和人生哲学,摒弃腐朽、堕落的生活方式,正确认识社会转型时期的各种现象,正确对待生活中的各种困难与挫折,战胜自我,以积极的态度投入学习和生活中去。

2. 帮助大中专学生认识毒品的危害,自觉远离毒品

开展禁毒宣传教育可以采取多种形式,如通过讲座、图片展览的形式,提高广大学生对毒品的认识;聘请医生给学生讲解毒品成瘾的机理和毒品对身体的危害,适当时组织学生参观戒毒所,让戒毒人员现身说法,加深广大学生对吸毒危害性的认识;必要时,我们还可以把毒品宣传教育列入思想品德教学内容中去。总之,只有首先让学生真正了解毒品,才能谈得上防毒、禁毒。

3. 家庭、学校、社会齐抓共管,形成合力

预防大中专学生吸毒,开展禁毒教育,不能光靠学校,全社会都应当为此做出努力。对家庭而言,父母应严于律己,远离毒品,给子女以良好的示范作用。同时,应时刻关心子女的成长,了解他们的学习、生活状况,多与他们谈心,帮助他们正确对待和处理生活中的各种问题;要留心子女思想和行为上的变化,以便及时教导和帮助纠正,使子女能健康成长,不

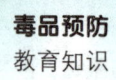

受社会不良风气的影响。

对学校而言，要加强对学生的素质教育和法制教育，给学生的学习和生活创造一个文明、舒适的环境。学校还应经常与家长取得联系，及时反馈信息，共同做好学生的思想政治工作。对社会而言，全社会应加大禁毒宣传教育的力度，并严厉打击毒品犯罪，各种舆论媒体要经常开展禁毒宣传，帮助学生更进一步了解国家禁毒工作的进展。对学校周边存在的黄、赌、毒一律予以清剿、严惩，绝不能让吸、贩毒人员接近，为学校创造一个良好的周边环境。

四、社区毒品预防教育

社区毒品预防教育是指利用电视、广播、报纸等媒体向社会公众开展的一般性毒品预防教育，具有影响大、辐射广的特点。社区毒品预防教育的对象主要是无业人员，可以巩固和加强社会面上和学校教育的成果，对减少新生吸毒人员的滋生具有直接作用。参与社区毒品预防的组织包括社区福利组织、志愿者组织、慈善组织、就业服务中心、法律援助中心、心理咨询中心等社会团体组织，居民委员会、村民委员会等基层群众自治组织、企事业单位等。

作为基层群众自治组织，居民委员会和村民委员会的日常工作贴近百姓，与社会团体和企事业单位有着广泛密切的联系，熟悉辖区的常住居民和流动人口的基本情况，在开展有针对性地禁毒宣传教育和落实各项禁毒防范措施方面有着得天独厚的有利条件。社区组织一方面担负着禁烟戒毒工作，帮助吸毒成瘾人员尽快戒毒；另一方面要做好本辖区的毒品预防宣传教育工作，减少或杜绝新生吸毒、贩毒人员。近年来，国家禁毒委员会部署"无毒社区"创建活动就是居民委员会和村民委员会加强对本社区居民、村民毒品预防教育的成功经验。

社区毒品预防是整个毒品预防教育体系的重要组成部分，目标是力图减少毒品泛滥的机会，减少社会受到毒品违法犯罪活动的侵扰。社区毒品预防的目标是谋求通过动员社区内的一切有利资源，改善吸毒人员的生活环境，增强对吸毒者的人文关怀，以减少吸毒行为的发生，创建"无毒社区"。近年来，比较常见的做法是结合创建安全文明小区、安全文明村寨和"无毒社区"的活动来开展。但是，总体而言，社区毒品预防教育仍然是我国整个毒品预防教育工作中最薄弱的环节。

五、"无毒社区"概述

1. "无毒社区"的概念

无毒社区，是指无吸毒、无贩毒、无种毒、无制毒的小型社区。1999年8月，国家禁毒委员会在内蒙古自治区包头市召开全国禁毒工作会议，部署开展创建"无毒社区"工作，标志着我国"无毒社区"的创建工作正式拉开帷幕。创建"无毒社区"活动就是以禁吸戒毒工作为重点，把禁吸、禁贩、禁制、禁种工作的各项目标、任务、措施和责任落实到社区党委、政府、各职能部门、公安派出所和居民委员会等基层组织。农村以乡镇为基本单位，城市以街道、居民委员会为基本单位，然后积小区为大区，积小胜为大胜，逐步扩大"无毒社区"的范围，实现一县、一市、一省乃至全国禁绝毒品的目标。

2. "无毒社区"创建的意义

开展创建"无毒社区"活动，适合我国国情，符合全民动员、综合治理的战略要求，是持久见证禁毒人民战争的有效载体。

首先，开展创建"无毒社区"活动是一项全民参与的禁毒活动，它可以广泛动员广大人民群众，深入持久地开展禁毒的人民战争。

其次，开展创建"无毒社区"活动可以改变政府职能部门单一的禁毒行为为党委、政府领导下的全社会行为。

再次，开展创建"无毒社区"活动可以突破禁吸戒毒这一关键问题。禁毒工作的最大难处就在于禁吸难，戒毒巩固更难。开展创建"无毒社区"活动可以最大限度地落实对社区内每个吸毒人员的监控和帮教工作。

最后，开展创建"无毒社区"活动可以带动"两个结合"。开展创建"无毒社区"活动能够使社区组织把教育、打击、防范、管理等各项禁毒工作结合在一起，并狠抓各项工作措施的落实。同时，有利于禁毒工作与社区两个文明建设的结合，带动社区经济、政治等全面建设的发展。

3.创建"无毒社区"的方法与步骤

（1）因地制宜，制定方案

在创建"无毒社区"工作中，要紧紧围绕着"无吸毒、无贩毒、无种毒、无制毒"这个总目标，结合本区域毒品违法犯罪的实际情况，制订出实际可行的实施方案。实施方案的主要内容包括：创建的目标任务、组织领导、防范步骤、工作措施、评估标准、奖惩办法、工作要求等。制度实施方案要有的放矢，重点解决突出的毒品问题，不能"一刀切"。

（2）摸清底数，动员部署

开展调查摸底工作，要依靠居民委员会、村民委员会和公安派出所、单位保卫部门等基层组织，组成专门力量，分片包干，逐人、逐户、逐单位、逐街区进行调查，不留死角，不漏一人。通过调查，彻底搞清楚辖区内哪些社区有毒品问题，哪些社区没有毒品问题。对于有毒品问题的社区，通过调查，全面掌握社区毒情，确定工作重点。对社区涉毒人员一律登记造册，建档立卡。召开动员部署大会，党政主要领导要亲自部署、做动员。要采取多种形式宣传创建"无毒社区"工作的重要意义，充分发挥各部门的作用，广泛动员社区公众参与创建活动。当地政府要发布公告，责令吸毒人员主动到公安机关登记，责令非法种植毒品原植物的违法人员将种植的毒品原植物铲除，责令毒品犯罪人员投案自首。

（3）抓住重点，落实措施

对于摸底调查后确定不存在毒品问题的地区，要采取如下有效措施确保无毒成果：一要经常开展调查研究工作，随时掌握周围地区毒情对本地区的影响，并及时作出工作部署；二要大力开展禁毒宣传和预防教育工作，特别是对青少年和易染毒高危人群开展经常性的预防教育工作，防止毒品违法犯罪的发生；三要加强禁毒执法工作，采取各种措施堵住毒品来源，防止毒品流入。

（4）戒帮教多管齐下

对于目前已经存在毒品问题的社区，要在社区内全面落实宣传、戒毒、帮教、控制、调查等创建措施。具体做法如下：

• 开展禁毒宣传工作，减少新吸毒人员的滋生

要组织各方面的力量，利用各种媒体，通过多种形式，在机关、学校、居民小区、公共场所开展广泛的禁毒宣传教育工作，提高社区公众的拒毒能力，并主动检举、揭发毒品违法犯罪活动。

• 加大强制戒毒、劳教戒毒力度，提高戒毒效果

社区要配合有关部门做好对吸毒人员强制戒毒和对复吸人员劳教戒毒的工作。强制戒毒所要抓好生理脱毒、心理矫治、体能恢复、劳动康复、深挖犯罪、跟踪调查等几个环节的工作。在戒毒人员戒毒期满出所时，要做好戒毒人员家属、所在单位、居民委员会、村民委员会和户口所在地、暂住地公安派出所的检查帮教工作。

• 严格落实社会帮教措施，降低复吸率

社区内要成立由公安派出所、居民委员会、村民委员会、家庭、单位、学校等组成的帮教小组，逐人落实帮教措施，开展帮教工作。一要明确帮教各方责任；二要明确帮教对象情况，确定帮教方法；三要及时掌握帮教对

象思想动态、经济来源、交往关系、生活规律、来往去向、现实表现等变化；四要切实解决帮教对象就业、婚姻、生活等方面的困难；五要定期不定期地对帮教对象进行尿检；六要充分发挥工会、共青团、妇联等群众组织及离退休干部在帮教工作中的作用。

- 严格控制社会面，有效防止毒品问题的发生

公安机关要按照有关规定管理涉毒人员，社区要加强对涉毒高危人群的管理，防止其染毒；要加强对公共服务及娱乐场所的管理，防止滋生吸贩毒活动；要加强非法种植毒品原植物重点部位的检查，落实禁种责任制，禁绝毒品原植物的非法种植；要配合有关部门加强对生产、经营、使用、储存麻醉药品、精神药品和易制毒化学品单位的管理，防止流入非法渠道。

- 加强调查工作，及时发现和打击毒品违法犯罪活动

社区要掌握吸毒贩毒窝点、毒品加工点、零星毒品交易场所和非法种植毒品原植物活动的情况；及时发现新滋生的吸毒人员；及时掌握外逃涉毒人员的情况，配合公安机关开展打击制毒贩毒犯罪工作，铲除毒品原植物，依法处理非法种植毒品原植物人员。

4. 创建"无毒社区"典型案例

几乎每个节假日，河南省第一强制隔离戒毒所干警都要来到郑州市多个社区，向居民们宣传"拒绝毒品、健康生活"理念。

河南省第一强制隔离戒毒所作为全省最早开展戒毒矫治的省级专业戒毒机构，该所始终坚持不懈地开展禁毒宣传。该所与市内多个社区签订了共建"无毒社区"协议，结为警民共建单位，由一线干警轮流在节假日里携带宣传展板及戒毒宣传资料，向群众进行禁毒公益宣传和普法教育。禁毒戒毒，不单单是政法机关的责任和义务，更应当是每一个有良知、有担当的公民应尽的义务。在日常工作、生活中，每一个公民有责任当好禁毒宣传员和监督员，向身边的人宣传禁毒、戒毒知识。如果发现身边有贩毒、

吸毒现象，应利用一切途径及时向有关部门举报，坚决捍卫健康和谐的家园。

染上毒瘾怎么办？能不能戒掉？这是大家普遍关心的话题。河南省第一强制隔离戒毒所干警向群众解释说，要到正规戒毒机构进行戒毒，服从戒毒机构的管理，只要意志坚定，再加上科学治疗，戒毒会成功的。戒毒人员是违法者、毒品的受害者，也是特殊的病人，对曾经误入歧途的他们，不能有歧视行为，要鼓励他们、督促他们坚定戒毒信念、树立新生希望，彻底摆脱毒魔的控制。

河南省司法厅厅长认为，禁毒工作难就难在禁吸难，戒毒巩固更难，开展创建"无毒社区"活动，能最大限度地落实对社区内每个吸毒人员的监控和帮教工作，将支持和鼓励全省强制隔离戒毒所通过与社区开展共建活动，不断创新禁毒宣传模式，教育、影响、带动广大群众参与禁毒工作，切实提高平安禁毒宣传的成效。

第二节　禁毒志愿活动

一、志愿者行动

志愿服务是文明社会不可缺少的组成部分，是指社会成员自愿贡献个人的时间和精力，不享受任何物质报酬，为推动人类发展、社会进步和社会福利事业而提供服务的活动。志愿服务是世界人道主义援助计划、技术合作、改善人权、促进民主与和平的重要组成部分，渗透于消除文盲、免疫和环境保护等诸多社会运动领域。

志愿者行动是我国志愿者服务的主要内容，是体现中华民族助人为乐和扶贫济困的传统美德的高尚事业。志愿服务是新的社会风尚，志愿者行动符合时代发展的潮流，符合人民群众的需要，蕴藏着巨大的发展潜力，呈现出旺盛的生命力和广阔的发展前景，是社会主义市场经济中一项生机勃勃的事业，许多青年和社会各界群众正积极加入志愿者行列。

志愿者服务在全社会弘扬"奉献、友爱、互助、进步"的志愿者精神，倡导时代新风正气，致力于建立互助友爱的人际关系和良好的社会公德，推动社会主义精神文明建设；致力于帮助有特殊困难的社会成员，推动社会保障体系的建立和完善；致力于消除贫困和落后，消灭公害和环境污染，普及科学文化知识，促进经济社会协调发展和全面进步；立足于社会关注、党政关心、青年能为的社会公益事业，是动员和组织青年参加社会主义精神文明建设的有效载体。

二、禁毒青年志愿者及其组织

◎ 禁毒志愿者概述

大力发展禁毒志愿者，深入开展禁毒志愿者行动，是国家禁毒委员会的重要部署。各地禁毒志愿者组织应允许并鼓励戒毒成功人员参与禁毒志愿者服务工作。

禁毒志愿者行动是禁毒志愿服务工作的重要组成部分。禁毒志愿者行动可以有效激发广大群众参与禁毒工作的积极性，有力促进禁毒宣传教育和帮教戒毒人员等多方面的工作，是群众参与禁毒斗争的重要载体，也是开展毒品预防教育的一种新机制。

禁毒志愿者需要满足一定的条件：年满18周岁，具有社会责任感和奉献精神，遵纪守法，热心禁毒工作，每年自愿参加48小时以上的禁毒志愿者服务工作，具有合法的身份证明，具备相应的体能和服务技能。志愿者可向所在地禁毒志愿者组织提出申请，经接受申请的禁毒志愿者组织批准后，依照招募程序和办法可以正式吸收为禁毒志愿者，并由中国禁毒志愿者行动协调办公室或其授权的机构发给禁毒志愿者证书。

禁毒志愿者应当隶属于一定的组织，禁毒志愿者组织是指服务于禁毒工作的公益性群众组织。根据《国家禁毒委、共青团中央、全国总工会、全国妇联关于推动禁毒志愿者行动的通知》的要求，在全国禁毒委员会的领导下，国家禁毒委员会办公室会同共青团中央、全国总工会、全国妇联成立中国禁毒志愿者行动协调办公室，负责对全国禁毒志愿者工作的协调、指导。各地要根据禁毒工作的需要，建立不同规模的禁毒志愿者组织，禁毒工作任务较重的地区要率先建立。各级禁毒部门和共青团中央要加强对禁毒志愿者组织的管理。各地禁毒志愿者组织要按照我国的相关法律法规制定自己的章程，并在上级组织的领导下依照章程开展工作。

◎ **禁毒志愿者的服务项目**

禁毒志愿者的服务项目主要是开展禁毒宣传和预防教育工作，关心、帮助戒毒人员彻底戒断毒瘾，协助、配合禁毒主管部门开展相关的禁毒工作。具体内容包括以下几个方面：

一是开展多种形式的毒品及其危害的宣传和预防教育工作；

二是参与我国禁毒方针及法律法规的宣传教育工作；

三是深入基层，参与目标社区的禁毒、戒毒、拒毒、防毒等项目的宣传和预防教育工作；

四是积极招募禁毒志愿者，特别是要鼓励教师、医生、律师、新闻工作者、社会工作者等有专业特长的人员立足岗位或利用业余时间参与禁毒工作，并成为禁毒志愿者组织的骨干力量；

五是帮助社区内戒毒人员彻底戒断毒瘾，重返社会；

六是参与禁毒志愿者协会和当地禁毒部门组织的其他活动。

此外，禁毒志愿者组织还应发挥其组织领导职能，中国禁毒志愿者行动协调办公室每年重点推动一至两项全国性的禁毒志愿者服务项目；各地禁毒志愿者组织应结合本地区禁毒工作的实际，开展具有地区特色的禁毒志愿者服务活动；各地禁毒志愿者组织还要大力宣传禁毒志愿者行动的成功经验和禁毒志愿者典型人物和事例，进一步弘扬禁毒志愿者的服务精神，鼓舞更多的人参与到禁毒志愿者队伍中来。

◎ **禁毒志愿者的权利**

（1）参加有关禁毒志愿服务活动的权利；

（2）接受禁毒方面知识的教育和培训的权利；

（3）提供禁毒志愿服务时要求组织提供必要的物质保障和安全保障的权利；

（4）对禁毒志愿者组织提出批评、建议和意见并进行监督的权利；

（5）请求禁毒志愿者组织帮助解决在志愿服务活动中遇到的即时困难和问题的权利；

（6）有困难时优先获得志愿服务的权利；

（7）要求禁毒志愿者组织维护青年志愿者自身合法权益的权利；

（8）获得禁毒志愿者组织奖励的权利；

（9）退出禁毒志愿者组织的权利；

（10）禁毒志愿者组织规定的其他权利。

◎ 禁毒志愿者的义务

（1）履行禁毒志愿服务承诺；

（2）遵守国家法律法规和禁毒志愿者的章程、其他制度；

（3）参加禁毒志愿者组织安排的志愿服务活动；

（4）不损害被服务者的合法权益；

（5）不以禁毒志愿者的身份从事营利性或违背社会公德的活动；

（6）维护禁毒志愿者组织和禁毒青年志愿者的声誉和形象；

（7）每年参加不少于48小时禁毒志愿服务活动；

（8）奉行中国青年志愿者奉献、友爱、互助、进步的原则；

（9）自身远离毒品；

（10）相关法律法规及团组织、志愿者组织规定的其他义务。

三、禁毒宣传"六进"活动

在"6·26"国际禁毒日来临之际，相关部门要着力以青少年、特殊群体和合成毒品为重点，大范围开展禁毒宣传"六进"活动，不断增强辖区群众识毒、防毒、拒毒的意识。

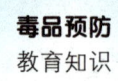

1. 禁毒宣传进单位

通过摆放展板、发放禁毒宣传册等形式，向辖区内各单位干部职工讲解什么是毒品、毒品的基本特性、吸毒的危害等，切实调动广大干部职工参与和支持禁毒工作的热情，为动员全民参与禁毒、深化禁毒工作起到推动作用。

2. 禁毒宣传进企业

街道综治办工作人员要走进企业，通过设置宣传台、悬挂横幅向企业职工介绍常见毒品的种类、毒品的危害性以及学习禁毒知识的意义，并就《禁毒法》、国家禁毒法律法规以及《易制毒化学品管理条例》进行宣讲。

3. 禁毒宣传进学校

结合预防青少年违法犯罪工作、"青少年与合成毒品危害"主题宣传活动，联合辖区派出所在辖区小学向学生及家长宣传毒品知识、毒品危害等，尤其要告诫他们消除对合成毒品"危害小、不上瘾"的认识误区，有效引导青少年学生及家长树立远离毒品、珍爱生命的意识。

4. 禁毒宣传进社区

通过在辖区主要路段、小区周边等醒目位置悬挂禁毒宣传横幅和宣传标语等。

5. 禁毒宣传进物流快递行业

针对毒品违法犯罪利用快递运输毒品的新手段，为规范物流寄递行业禁毒工作秩序，要全面对邮政、快递、运输等物流快递行业进行禁毒宣传教育，切实提高物流快递公司工作人员的禁毒意识。

6. 禁毒宣传进家庭

开展"拒毒、防毒，家家有责"和"不让毒品进家庭"等为主题的禁毒宣传进家庭活动,组织社区工作者深入居民家中,向居民讲解毒品对社会、家庭、个人的危害,向居民发放"珍爱生命,远离毒品"禁毒宣传手册,进一步提高辖区居民对毒品的认知能力和举报毒品违法犯罪的意识。

四、国际禁毒日

国际禁毒日(International Day Against Drug Abuse and Illicit Trafficking),全称是禁止药物滥用和非法贩运国际日。时间是每年的6月26日。

20世纪80年代,毒品在全球日趋泛滥,毒品走私日益严重。面对这一严峻形势,1987年6月12日至26日,联合国在奥地利首都维也纳召开有138个国家的3000多名代表参加的麻醉品滥用和非法贩运问题部长级会议。会议提出了"爱生命,不吸毒"的口号。与会代表一致同意将每年的6月26日定为"国际禁毒日",以引起世界各国对毒品问题的重视,号召全世界人民共同来抵御毒品危害。这项建议被联合国采纳。同年召开的第42届联合国大会通过决议,正式确定每年的6月26日为"反麻醉品的滥用和非法贩运国际日"。

自1987年以后,各国在每年的6月26日前后都要集中开展大规模的禁毒活动。

从1992年起,国际禁毒日每年都有一个活动主题,以达到国际社会关注和共同参与的效果。

相关部门可以以"6·26"国际禁毒日为契机,深入村组、集办单位、学校等重点场所,通过横幅、广播、微信群、宣传彩页、提供禁毒法律咨询等多种形式进行全方面宣传,有效提升群众识毒、拒毒、防毒、反毒的意识,调动群众参与禁毒人民战争的积极性和主动性,进一步筑牢珍爱生命,远离毒品的思想防线。

第三节　社会组织参与禁毒

一、社会组织开展禁毒宣传教育工作的重要性

禁毒工作是一项复杂、庞大的社会系统工程，仅靠职能部门的努力，是不可能取得成功的。因此，必须通过政府及其相关部门的禁毒工作，机关、企事业单位和公民在禁毒活动中的义务，形成党委、政府统一领导，禁毒委员会组织协调，有关部门各负其责，全社会广泛参与的禁毒工作格局。

禁毒宣传教育是指通过各种途径让人们了解和认识造成毒品问题的基本因素和有关知识，揭示毒品对个人、对家庭、对社会的巨大危害，提高全民尤其是青少年认知毒品、拒绝毒品的能力，从而构筑全社会防范毒品侵袭的有效体系。禁毒的关键在于唤起民众。提高全民禁毒意识是一项治本之策和战略任务，因此要在全体国民中广泛深入地开展禁毒宣传教育。做好禁毒宣传教育没有单一的模式及方案，也不能单靠一个部门去推动。禁毒宣传教育是必须持续地、有远见地、与时并进地，也有如春风化雨般地教育年轻一代选择健康生活，珍惜自己的生命。禁毒宣传教育不一定像打了预防针般于短期内发生作用，或许要经过很长的时间才见到效果，但我们要肩负着禁毒宣传教育的使命感，让预防信念及行动深入民心，让更多人关注毒品问题，参与到打击毒品的行动中来。

二、关于开展禁毒宣传教育的法律规定

◎ 有关单位在禁毒宣传教育工作中的职责划分

为组织、协调有关部门和单位并动员全社会的力量开展禁毒斗争的职责,充分发挥国家禁毒委员会各成员单位的职能作用,各司其职,各负其责,协作配合,共同搞好禁毒工作,国家禁毒委员会在《国家禁毒委员会成员单位主要职责》中明确规定了国家禁毒委员会成员单位在禁毒工作中的主要职责,其中涉及禁毒宣传教育工作的主要有以下部门:

公安部:掌握毒品违法犯罪活动动态,拟订预防、打击对策;组织、指导、监督对毒品犯罪案件的侦查工作;承担对麻醉药品药用原植物、麻醉药品和精神药品流入非法渠道的查处工作;依法承担对易制毒化学品的管制等工作;组织、协调、指导地方公安机关开展吸毒人员管理工作;承办国际禁毒事宜;承办禁毒有关协调工作;承担国家禁毒委员会的日常工作,以国家禁毒委员会名义履行国际禁毒公约义务。

中央宣传部:宣传党中央、国务院及国家禁毒委员会有关禁毒工作的部署和指示精神;参与制定禁毒宣传工作的方针、政策和规划;组织、指导、协调新闻单位宣传国家禁毒法律、法规、方针、政策、禁毒知识和禁毒斗争的成果、经验、先进典型及重大活动。

卫健委:制定戒毒治疗的规章制度和工作规范;对强制戒毒所、劳教戒毒所、戒毒医疗机构从事医疗和护理工作的人员进行资格认证;监督地方各级卫生行政部门对戒毒医疗机构的设置审批工作,组织协调地方各级卫生行政部门取缔非法设立的戒毒医疗机构;贯彻"预防为主"的方针,积极开展健康教育工作,对经吸毒引起的传染性疾病依法进行监督管理,并对治疗工作提供业务指导和技术服务;加强对医疗机构内部麻醉药品和精神药物的管理并规范使用,加强处方管理;指导戒毒治疗科研工作,鼓励积极探索新的临床戒毒治疗方法;配合公安机关和司法行政机关开展强制

戒毒和劳教戒毒工作。

外交部：根据我国外交工作总体方针和国别政策，协助有关部门对禁毒领域的涉外事项进行政策把关，处理禁毒领域国际合作中的有关问题；参与制定禁毒领域国际文书；配合有关部门做好禁毒对外宣传工作。

教育部：制定教育系统开展禁毒教育工作的政策、规划，将禁毒教育作为大、中、小学德育和安全教育的一项重要内容，纳入学校日常教育工作；加强对学校禁毒工作的组织领导，制定有关学校防毒、禁毒的制度和措施，明确校长是第一责任人，把学校无吸毒、贩毒现象作为学校德育和安全教育的一项基本目标；加强对大、中、小学生的法制教育和禁毒教育，提高其防毒、禁毒意识；配合有关部门开展对全社会的禁毒宣传教育工作。

民政部：加强基层政权和社区建设工作，促进禁毒、戒毒政策的落实；济符合社会救济条件、家庭人均收入低于当地最低生活保障标准的戒毒人员及其家属；加强对禁毒社团的管理，支持其依法开展工作；做好对禁毒英烈的抚恤工作；助公安机关对被收容人员进行禁毒、戒毒宣传教育，并对其中的吸毒、贩毒人员做好审查、移交工作。

司法部：开展禁毒法制宣传教育，并将其纳入普法教育规划；法收容强制戒毒的劳动教养人员，积极做好强制戒毒、治疗康复和矫治恶习工作，努力降低复吸率；负责对在监狱服刑的涉毒罪犯的关押改造工作，依法执行刑罚，做好教育改造工作，不断提高改造质量，努力减少重新犯罪。

文化和旅游部：发挥文艺团体及各级群众艺术馆、文化馆（站）的作用，运用各种艺术形式宣传国家禁毒法律、法规和方针、政策；支持、鼓励文艺工作者通过艺术创作反映禁毒斗争中涌现出的英雄事迹，揭露国内外毒品犯罪分子的罪恶，揭示毒品对人类生命、社会秩序、家庭和个人幸福的严重危害性；按照国家禁毒委员会的部署，协助有关部门和单位做好重大宣传文艺活动的组织工作。

国家广播电视总局：指导各广播电视、网络视听节目开展禁毒法律、法规和方针、政策及有关知识的宣传普及工作；协调中央人民广播电台、中央电视台、中国国际广播电台和网络平台宣传报道禁毒工作；支持、鼓励广播电视、网络视听节目工作者创作反映禁毒题材的广播电视节目和网络视听节目。

国家工商行政管理局：组织各级工商行政管理机关加强对工商企业、市场的监督管理，配合公安机关查处流通领域及娱乐场所中发生的毒品犯罪行为；对查实参与贩毒、非法贩卖易制毒化学品、麻醉药品、精神药物的经营单位，依法吊销营业执照；配合公安机关加强对个体工商户和私营企业的宣传教育工作。

国家药品监督管理局：履行麻醉品管制国际公约义务，负责麻醉药品、精神药物的监督管理工作；责戒毒药品的监督管理工作；负责麻黄素的生产、销售管理工作；负责全国药物滥用监测工作，定期向国家禁毒委员会报告全国药物滥用监测情况；负责组织审核戒毒治疗方案及康复模式的研究工作；负责组织麻醉品专家委员会对全国戒毒工作提供咨询意见；配合有关部门管理戒毒医疗机构，开展药物滥用社区防治和预防教育工作。

全国总工会：提出全国工会系统参与禁毒工作的指导意见；组织协调直属新闻单位，配合有关部门加强对职工群众的禁毒宣传教育工作，开展"无毒单位""无毒职工"创建活动。

共青团中央：加强青少年法制宣传教育工作，在青少年中普及禁毒法律知识，增强青少年拒毒防毒意识；开展丰富多彩的文化、科技、体育活动，丰富青少年精神生活，教育青少年远离毒品；组织青少年积极参与禁毒专项斗争和有关禁毒工作；优化青少年成长环境，进一步维护未成年人的合法权益，做好涉毒青少年的帮教工作。

全国妇联：加强禁毒宣传教育工作，教育妇女远离毒品；把禁毒工作作为各级妇联参与社会治安综合治理的重要工作内容之一，实行目标管理，通过组织形式多样的活动，推动禁毒工作；发挥妇女在家庭中的特殊作用，

努力做好家庭禁毒宣传教育工作。

◎ 开展全民禁毒宣传教育的具体法律规定

我国目前没有专门规定禁毒宣传教育的法律，关于禁毒宣传教育的规定散见于国务院各部委的一些决定、通知和地方条例中。其中较为重要的有：《全民禁毒宣传教育实施意见》《关于进一步加强禁毒宣传工作的通知》《中央社会治安综合治理委员会关于加强社会治安防范工作的意见》《关于进一步加强中小学生毒品预防工作的通知》《云南省禁毒条例》等。

1998年5月在北京举办的"全国禁毒展览"，可谓是我国开展禁毒宣传教育的一个里程碑。随后，全民禁毒宣传教育的问题便提了出来，在全国掀起了热潮：国家教育委员会会同国家禁毒委员会下发通知，规定把禁毒教育作为国民素质教育的组成部分，正式纳入中小学德育教育教学大纲，要求在大中小学校有针对性地开展形式多样的禁毒教育。全国妇联、中国个体劳动者协会、私营企业协会、共青团组织和一些宗教团体等也积极参与禁毒教育。

1. 全民禁毒宣传教育的指导思想、对象和任务

国家禁毒委员会制定的《全民禁毒宣传教育实施意见》中要求：广泛深入地开展禁毒教育，提高全民禁毒意识和抵制毒品能力，这是禁毒工作的治本之策。各级党委宣传部门，公安、教育、民政、司法、文化、广播影视部门，工会、共青团、妇联组织以及各级禁毒办事机构在全民禁毒宣传教育中担负十分重要的职责，要结合当地实际，充分履行职责任务，加强组织领导，搞好协作配合，切实抓好全民禁毒宣传教育各项措施的落实，真正打一场禁毒人民战争。

• 全民禁毒宣传教育的指导思想

开展全民禁毒宣传教育要以习近平总书记对禁毒工作作出的重要指示

为指导，在各级党委、政府领导下，广泛动员全社会的力量，坚持禁毒教育工作与毒品形势的发展变化相适应，坚持普及教育与重点教育相结合，坚持禁毒教育与国民素质教育相互融合、相互促进，以提高全民禁毒意识和自觉抵制毒品的能力为核心，不断增强禁毒教育的科学性、广泛性、针对性和实效性，在全社会倡导积极、健康的生活态度和生活方式，形成全民抵制毒品、参与禁毒的社会氛围，最大限度地减少毒品需求和危害。

- 全民禁毒宣传教育的主体

《云南省禁毒条例》第19条明确规定：广播电视、新闻出版、文化等部门应当将禁毒宣传纳入工作计划并负责落实，各大众传播媒体有义务进行禁毒宣传。工会、共青团、妇女联合会等人民团体和有关社会团体应当开展禁毒宣传教育活动。这是关于大众传播媒介单位及其行政主管部门、人民团体和有关社会团体进行禁毒宣传责任的规定。本条规定是为了从宣传教育入手，进一步加大宣传教育，广泛开展禁毒宣传和禁毒教育，使人们真正了解毒品对个人、家庭和社会的危害。禁毒宣传教育的主体不仅包括各级禁毒领导机构、公安、宣传、广播电影电视、教育、卫生、民政、司法等部门，还包括新闻媒体、学校及其他各级、各类企事业单位；不仅包括乡镇基层政府、村民委员会、街道办事处、居民委员会等基层组织，还包括禁毒志愿者及广大人民群众等。广播、电视、电台、报刊、网站要充分发挥宣传舆论阵地作用，有效利用社会资源，积极宣传报道典型事例，主动开展禁毒公益宣传。教育、文化、卫生、司法、行政、公安等部门要各尽其责，工会、共青团、妇联等群众组织要充分发挥作用，动员和激励广大人民群众积极参加禁毒斗争，广泛开展面向全社会的禁毒宣传教育活动。

- 全民禁毒宣传教育的对象

禁毒教育面向全体公民。重点对象是：青少年；有高危行为的人群；有吸毒行为的人员；毒品问题严重地区的居民和流动人口；公职人员。

- 全民禁毒宣传教育的任务

全民禁毒宣传教育的基本任务是介绍毒品形势，普及禁毒知识，传播禁毒观念，宣传禁毒法规，动员全民禁毒；其核心是增强全民禁毒意识，提高公民对毒品及其危害的认知能力和抵御能力。对一般人群以普及知识为主，对高危人群以结合干预措施的宣传教育为主。

2. 建立全民禁毒宣传教育工作体系

- 建立分级负责、各司其职、齐抓共管的全民禁毒宣传教育领导体系

在各级党委、政府领导下，各级禁毒领导机构负责制定、部署全民禁毒宣传教育的规划，提出禁毒教育年度工作安排，组织、指导和推动禁毒教育工作和重大宣传教育活动。国家禁毒委员会和各省、自治区、直辖市禁毒领导机构内均设立全民禁毒宣传教育协调指导组，承办具体工作。各地、市、州、盟禁毒领导机构内设立全民禁毒宣传教育指导中心，负责落实上级禁毒领导机构的规划和部署，安排和组织实施本地的禁毒教育工作。各级全民禁毒宣传教育协调指导组和指导中心由禁毒领导机构的相关成员单位组成。参加协调指导组和指导中心的各成员单位要认真贯彻本地禁毒领导机构的部署，充分发挥各职能部门的作用，坚持各司其职、密切配合，共同推动全民禁毒宣传教育工作。

- 建立全民禁毒宣传教育专家组和宣传教育工作队伍

国家禁毒委员会和各省、自治区、直辖市禁毒领导机构建立由教育、法律、传媒、社会学、医药学、精神卫生学、心理学等方面专家组成的禁毒教育专家组。专家组负责研究全民禁毒宣传教育工作面临的重大问题，制定禁毒教育指导原则和规范，向禁毒领导机构提出建议，对全民禁毒宣传教育教材、培训方案和宣传材料的编制进行指导和审核，参与对全民禁毒宣传教育工作的评估。

建立全民禁毒宣传教育工作队伍。在各地、市、州、盟禁毒领导机构

禁毒教育指导中心的组织指导下,以各禁毒成员单位中从事宣传教育工作的专职人员为骨干,组成从事禁毒教育的专门队伍。这支队伍按照禁毒工作的职责分工,分别按系统组织、推动禁毒教育工作。在各个乡镇、街道、学校、社区医疗机构和特殊场所(监狱、劳教所、看守所、拘留所、收容教育所、戒毒所等)内普遍设立禁毒教育辅导员,形成一支经过专门培训的、遍布城乡的禁毒教育辅导员队伍。这支队伍结合本职工作开展禁毒教育,提供咨询服务。在全社会形成一支由社会工作者、传媒工作者、医药卫生、心理咨询工作者、禁毒志愿者等自愿从事禁毒教育的积极分子组成的义务性禁毒教育队伍。这支队伍在各级禁毒领导机构的指导下,坚持面向基层、服务基层,从事面向全民或特定对象的宣传教育工作。各地要根据禁毒工作需要,建立不同规模的禁毒志愿者组织,发展禁毒志愿者队伍,禁毒工作任务繁重地区要率先建立。国家禁毒委员会办公室、共青团中央从 2005 年开始,在全国招募禁毒志愿者支持西部地区开展禁毒宣传教育。

3. 开展针对性强、形式多样、富有成效的教育活动

• 不断推进青少年毒品预防教育工作

国家禁毒委员会积极构建完善党委和政府统一领导、禁毒部门牵头、党委宣传部门协助、有关部门齐抓共管,推进青少年毒品预防教育工作迈上新台阶。

国家禁毒办会同教育部将禁毒宣传教育内容纳入《中小学生守则》《中等职业学校德育大纲》,按照《中小学生毒品预防专题教育大纲》推动学校禁毒教育做到教学计划、大纲、师资、课时、教材"五落实"。

国家禁毒办会同共青团中央形成支持全国青少年禁毒防艾宣传教育项目的固定机制,推动学生社团、青年志愿者队伍深入基层开展"大学生暑期禁毒社会实践"等禁毒宣传教育活动,推进校园毒品预防教育与青少年禁毒社会实践相结合。

目前，全国接受过毒品预防专题教育的青少年学生数量达1.44亿，在册禁毒师资达112万人、校外辅导员23万名。国家禁毒委确立了全国青少年毒品预防教育"6·27"工程示范学校300个、优秀教师4944名、优秀校外辅导员9675名，全国高校禁毒公益联盟参与高校达1300余所。

2020年8月，经教育部批准，全国青少年禁毒知识竞赛被纳入面向中小学生的全国性竞赛活动，课堂禁毒教学和校外禁毒实践成功结合。为进一步提升青少年毒品预防教育成效，国家禁毒办着力创新强化青少年禁毒普及宣传，打造了一系列全国性禁毒宣传教育品牌。

在国家禁毒委、教育部等相关部门的不懈努力下，青少年毒品预防教育工作取得了好的效果：2020年，全国新发现35岁以下青少年吸毒人员较2015年下降75.4%；青少年学生识别、拒绝、防范新型毒品的意识得到了有效的提升。

- 开展"不让毒品进我家"活动

父母或者其他监护人应当对未成年人进行毒品预防教育。未成年人有吸食、注射毒品行为的，其父母或者其他监护人应当严格管束，并督促其戒除。父母或者其他监护人有对未成年人进行毒品预防教育和涉毒行为矫治责任的义务。第一，未成年人的父母及其监护人应当认真履行监督、教育职责，对未成年人进行毒品的预防教育。第二，未成年人有吸食、注射毒品行为，其父母和其他监护人应当履行监护职责，对其严加管束，并督促其戒毒。

各级妇联组织要充分发挥联系千家万户的优势，按照全国妇联关于开展"不让毒品进我家"活动的要求，结合本地实际，广泛开展面向家庭的禁毒教育，构筑"学校、家庭、社区"三位一体的禁毒教育模式，不断深化"不让毒品进我家"活动。要把存在毒品问题的社区和单亲家庭、流动人口家庭、涉毒家庭作为工作重点，加大宣传力度，完善帮教机制，积极创造条件，为他们解决实际困难。要利用社区、学校和家庭教育指导中心等场所，举办有禁毒志愿者、家长、戒毒专家和青少年参加的禁毒讨论会和培训班，协助家庭预防及克服家人滥用药物的危机和困难，协助医生做好药物戒毒人员的治疗工作，帮助家长树立正确的家庭禁毒教育观念，提高家庭保护意识和防范毒品能力。

• 开展保护职工和个体劳动者的禁毒教育

各级工会组织要按照全国总工会关于开展"职工拒绝毒品零计划"活动的部署，大力推动面向企业、单位和广大职工的禁毒宣传教育，要将禁毒知识纳入职工岗位培训的重要内容，广泛开展创建"无毒单位"活动。要通过多种形式的宣传教育，使广大职工尤其是青年职工、临时工和农民工增强禁毒意识，自觉抵制毒品，参与禁毒。要积极帮助吸毒职工和会员戒毒治疗，重新回归社会。

各级个体劳动者协会、私营企业协会要在基层协会和广大会员中开展形式多样的禁毒宣传教育活动，积极开展创建"无毒基层协会"活动。要配合公安和工商行政管理等部门，加强对文化娱乐服务业、出租车业等重点行业会员的禁毒教育和培训。要在营业性娱乐服务场所公开张贴和放置禁毒宣传品，加强警示作用。

• 开展预防无业人员和流动人口吸毒的普及教育

各级宣传、公安、司法、行政、卫生、民政、工商行政管理等部门和工、青、妇等群众组织，要把无业人员和流动人口作为教育重点，深入开展针对高危人群的禁毒教育，努力消除禁毒教育的盲区和死角。铁路、交通、民航等部门要在车站、机场、码头等交通集散场所和公共交通工具上开展禁毒教育。要充分利用公共场所的广告栏、宣传栏（牌）及广播、闭路电视等开展禁毒宣传，要在公共场所摆放或张贴禁毒教育宣传材料、禁毒标志和警语。

• 开展戒毒人员的心理、行为矫正教育

公安、司法、行政、医药卫生、民政部门要在监狱、劳教所、戒毒所、拘留所和自愿戒毒医疗机构等毒品受害者、毒品违法犯罪人员和高危人群集中的特殊场所开展禁毒、吸毒防治和预防艾滋病的教育。鼓励戒毒成功人员结合个人经历开展同伴教育。要对已经染毒的人群给予人文关怀，使他们认清摆脱毒品的正确途径和方式，树立回归社会的信念。

• 开展毒品违法犯罪活动的法制教育

人民法院、检察院和公安、司法行政部门要深入开展贩毒必惩的法制教育，以震慑犯罪、教育群众、弘扬正气。

针对可能种植毒品原植物的个别地区，在播种期深入开展禁种宣传，大造声势，增强群众的禁种意识，防止罂粟种子落地。对偏僻的山区、林区要组织力量进山入林宣传到户，做到家喻户晓，人人皆知，防止复种。

针对易制毒化学品流入非法渠道用于制造毒品的情况，公安机关要会同商务、食品药品监督管理部门以易制毒化学品生产、经营、运输和使用单位为重点，向管理人员和职工宣传加强易制毒化学品管理对禁毒工作的重要意义，增强员工特别是重点岗位主管人员的禁毒意识和责任意识，提高易制毒化学品生产企业和经营单位的自我约束能力和防范能力。

• 以"6·26"国际禁毒日为重点，掀起面向全民、主题鲜明的禁毒宣传教育高潮

国家禁毒委员会结合当年全国禁毒工作重点，参照联合国确定的主题，每年年初公布当年禁毒宣传主题和宣传口号。各地区、各有关部门要在"6·3"虎门销烟纪念日至"6·26"国际禁毒日期间，组织开展主题突出、特色鲜明、声势大、效果好的集中宣传教育活动，掀起禁毒宣传教育高潮，使人民群众普遍受到一次禁毒教育。

4. 全民禁毒宣传教育的保障措施

• 保障禁毒教育经费的投入

建立和完善以政府投入为主、多渠道筹措资金的禁毒教育经费保障机

制。政府禁毒教育经费作为禁毒经费的一部分列入各级政府财政预算，实行分级投入、分级管理制度。教育事业费中要适当考虑学校禁毒教育经费的支出。各地禁毒领导机构要切实加强禁毒教育经费的管理，专款专用，不断提高使用效益，并积极争取社会各界捐助和国际援助，拓宽筹资渠道。

- 加强对禁毒教育专业人员的培训

国家禁毒委员会鼓励并保障从事禁毒教育工作的人员接受专业培训，建立禁毒教育辅导员任职资格培训、考核、认定制度，制定培训大纲和考试办法。各省、自治区、直辖市禁毒机构开办禁毒教育培训基地，对经过培训考试合格的人员授予禁毒教育辅导员资格证书。

各级教育行政部门要切实加强禁毒师资和法制副校长的培训，有计划地推进教师毒品知识和毒品预防教育技巧的培训工作，确保每个学校至少有一名教师兼职负责学校毒品预防教育。要逐步建立各省、自治区、直辖市禁毒教师教育课程资源的共建共享机制，推进"全国教师教育网络联盟计划"的实施，利用现代远程教育手段面向农村教师开展禁毒课程师资培训。

- 编辑出版禁毒教育的教材和宣传品

在国家禁毒委员会禁毒教育协调指导组和专家咨询组的组织下，统一规划、编写适应不同对象需要的禁毒教育材料，逐步形成科学、规范、适用的系列宣传教育材料，包括《全民禁毒宣传教育读本》《社区禁毒知识读本》《学生禁毒知识读本》《领导干部禁毒知识读本》《禁毒志愿者手册》《药物滥用防治知识读本》等。各地可根据本地的特点和需要，以科学性和本土化为原则，有计划地编辑、制作禁毒书籍、挂图、招贴画、折页、影视片、公益广告等宣传品，服务于禁毒宣传教育工作。

- 加快禁毒教育基地建设

为了使禁毒宣传教育系统化、经常化，国家禁毒委员会统一部署，从1999年到2001年，在全国建设禁毒教育"五个一工程"：即各省、自治区、直辖市都要建立一所禁毒教育基地，各大中小学校每年都要开展一次禁毒教育活动，各地要组织一批禁毒宣传理论研究成果，创作一批禁毒文艺作品，培养一批青年禁毒志愿者。国家重点支持北京市、贵州省贵阳市、广东省东莞市等地建设一批永久性禁毒教育基地。从1998年起，中国开始出版《中国禁毒年度报告》。

各地要高度重视禁毒教育基地建设，按照统一规划、合理布局的原则，加快建设步伐，坚持建立相对独立、稳定的省级大型禁毒教育基地与依托现有群众性活动场所建立市、县级小型禁毒教育园地相结合，形成大小配套、层次分明、方便管理、服务群众的禁毒教育基地（园地）网络。要充分将当地禁毒工作的素材资料不断充实、更新内容，把禁毒教育基地（园地）办成介绍禁毒知识、展示禁毒成果、开展禁毒教育、实施禁毒培训的课堂和禁毒志愿者的活动场所。要充分利用青少年法制教育、爱国主义教育基地，青少年宫、儿童活动中心等活动场所以及"青少年远离毒品网"，面向青少年开展禁毒教育。各级各类学校要充分利用橱窗、黑板报、广播、闭路电视、校园网等开展禁毒教育。

- 充分发挥大众传媒的优势开展禁毒宣传教育

各类大众传媒要把禁毒教育作为义不容辞的职责，把禁毒宣传教育贯穿全年，使人民群众能够经常接受禁毒知识的熏陶和教育，筑起抵御毒品侵害的思想防线。中央和地方主要广播、电视、报纸、互联网站等要积极开展禁毒宣传，定期播放或刊登禁毒公益广告。进一步加强禁毒题材影视片、图书和音像制品的管理和创作生产，积极开发和推广适合青少年身心特点和认知规律的禁毒游戏软件产品。禁毒部门要加强与各种新闻媒体的配合和协作，共同推动禁毒宣传教育工作。各级人民政府和宣传主管部门要切实加强对媒体禁毒宣传工作的指导和督查。国家禁毒委员会和各省、自治区、直辖市禁毒领导机构要建立禁毒新闻发言人制度，定期发布禁毒新闻；组织出版禁毒年度报告，增加禁毒工作的透明度；建立禁毒教育网站和热线，介绍禁毒形势、宣传禁毒工作、接受群众咨询、听取群众意见，扩大禁毒教育的覆盖面。

为扩大宣传教育的影响，国家禁毒委员会、中央宣传部、公安部等联合下发了《关于进一步加强禁毒宣传工作的通知》。国家禁毒委员会办公室、公安部政治部联合下发了《关于做好禁毒严打整治专项斗争期间宣传工作的通知》并在《人民公安报》开办了《禁毒纵横》专版，组织新华社、中央电视台、中央人民广播电台、人民日报、法制日报及人民公安报等中央媒体记者赴云南、广东和湖南就禁毒严打整治专项斗争情况进行了广泛而深入的采访报道。中央电视台、中央人民广播电台的品牌栏目推出了禁毒新闻、专题节目或系列节目，《人民日报》《法制日报》《中国青年报》《人民公安报》《人民论坛》等报纸杂志都推出了禁毒专版、专栏或禁毒知识竞赛、禁毒巡回展览等形式，掀起了禁毒宣传高潮。宣传、广播电视、文化、卫生、民政、共青团、妇联、工会等部门根据本系统实际，开展多种形式的禁毒宣传教育活动。

- 加强禁毒教育领域的国际交流与合作

要扩大毒品预防教育领域国际及地区间的交流和合作，充分借鉴和吸收国外开展禁毒教育的理念、经验和做法，采取有效措施保证国际禁毒教育合作项目按计划实施，进一步提高合作项目在国内转化和应用的程度，以服务和改进国内的禁毒教育工作。

- 建立禁毒教育评估体系

国家禁毒委员会制定符合我国国情的各类人群行为干预效果评价指标体系和禁毒教育评估标准，建立禁毒教育绩效评价、反馈机制。各地禁毒领导机构要按照科学、客观、公正的原则，通过第三方定期开展评估工作，防止形式主义和弄虚作假。要根据评估结果和变化情况，不断改进工作，保证禁毒教育工作持续、健康发展。要更新观念，求真务实，不断探索与当今社会和经济发展相适应的教育理念、教育方式和教育途径。要注重总结来自群众的新鲜经验，不断提高开展全民禁毒宣传教育的工作水平。

第四节 群众参与禁毒

一、群众参与禁毒

2022年6月23日,公安部召开新闻发布会,发布了《2021年中国毒情形势报告》。报告显示:2021年破获走私、贩卖、运输毒品案件4.1万起,抓获犯罪嫌疑人6万名,缴获毒品21.4吨;缴获海洛因、冰毒、氯胺酮等3类滥用人数较多的主流毒品17.3吨;摧毁制毒窝点123个,缴毒1.2吨;破获制毒物品案件230起,缴获制毒物品1282吨;全年抓获外籍贩毒嫌疑人264名。

我国的禁毒工作取得了重大进步,但是不可否认的是,我国目前的禁毒形势依然严峻,毒品蔓延呈现反复性、隐蔽性、易制性、欺骗性等特点,并且,禁毒工作的艰巨性、紧迫性、复杂性等难点依然会长期存在。

要切实做好禁毒工作,就要高位求进,在党委、政府的重视下促进机构的整合和健全,聚集各单位力量共同推动禁毒工作开展;要有力打击形成震慑,重视对隐蔽制毒场所的发现和清除,重视对小宾馆、歌舞厅、出租房、地下室等隐蔽性容留吸毒场所的摸排和打击,重视对贩毒渠道的掌握和斩断;要创新宣传完善教育,在大中院校、中小学等教育场所设立禁毒教育基地,让凡是在学校学习的人都接受禁毒教育;要扎实开展社区禁毒工作,吸毒人员既是违法者也是受害者,有必要进行教育和帮助,社区戒毒机构能够有效帮助这一部分人回归正途重回社会;要多部门联动合力推进，致力于整合和发挥不同部门的职能作用，想办法让各有关单位真正参与到禁毒工作中来，联合各个领域优势互补相互拉动，有机联动集中发力；要联合群众打响人民战争，积极发动群众的力量，拓展举报渠道，宣传禁毒意义，激发群众积极参与禁毒工作的积极性和责任感，把禁毒工作上升到事关国家安危、民族兴衰、人民福祉的高度，坚定不移地打赢人民禁毒战争。

　　面对当前严峻的禁毒形势，我们要充分利用好社区戒毒这张"牌"，切实提高群众参与禁毒的广度和深度，为构建和谐社会，打好禁毒人民战争。这几年，北京市朝阳区警方破获多起明星吸毒等大案、要案，其中不少线索来自"朝阳群众"的举报，"朝阳群众"名噪一时，众多涉毒案件均未逃过群众的法眼。毒品问题事关国家安全、民族兴衰、人民福祉。一直以来，党和国家高度重视禁毒工作，并在禁毒各领域取得了丰硕成果。但是，受国际毒潮泛滥和国内多种因素影响，我国毒情形势也在发生深刻变化，特别是吸毒人员不断增多、吸毒群体更加多元化、隐蔽性更强等问题愈加突出。面对严峻的禁毒形势，除了大力推进毒品预防教育，提高群众禁毒意识外，还必须把发动群众参与、监督、举报作为开展禁毒工作的重要举措。

　　禁毒工作，不只是某些特定人群的任务，仅仅依靠权力机关，容易抓大鱼漏虾米。同时禁毒工作需要更多"朝阳群众"参与进来。全民都参与禁毒，这样就能发动社会力量，让广大的人民群众充当权力机关的"眼睛"，抓大鱼的同时也不漏掉虾米，将贩毒、吸毒人员一网打尽。各级党委政府要结合禁毒人民战争，出台和完善毒品违法犯罪举报和奖励办法，同时，要进一步做好相关保护、保密措施，激活社会"禁毒细胞"，激励更多的"朝阳群众"加入这场"禁毒战役"中，让涉毒违法犯罪分子成为"过街老鼠，人人喊打"。"团结就是力量"，要把行政力量、社会力量拧成一股绳，拴住"毒品"这只猛兽。

　　群众参与禁毒的典型就是广东省河源市。河源市深入贯彻落实习近平总书记关于禁毒工作重要指示精神,结合禁毒工作的实际情况,摸索出群众参与禁毒的新模式。河源市委、市政府积极构建"党政主导、禁毒委主抓、公安主打、部门配合、社会参与"的工作格局,按照"属地管理"原则,明确了市、县(区)、镇(街)、村(居)四级书记齐抓禁毒工作,责任到"人"到"户",并广泛发动群众,打响"全民禁毒"战。按照紫金县委书记提出的自上而下贯彻"严防死守"的要求,南岭镇将禁毒工作纳入镇村干部量化考核,镇与村、村与家庭户分别签订《禁毒责任书》,将禁毒责任、任务层层分解,明确到人,实行镇主要领导包片,镇其他领导包村,村(居)干部包自然村,村民小组长、村治安员、护林员包山头的包干责任制,巡查清查不到位,敷衍了事的现象还给予通报批评,甚至"一票否决"。此外,南岭镇还额外增加经费补贴,将11名护林员发展成了重点禁毒力量。除了紧紧抓住重点部位巡查外,吸毒人员更是重点监管对象。村内红色手写禁毒标语随处可见,举报有奖公告贴到了每家每户的外墙上,甚至连村民家中正堂上的"福"字年历上,也印制了朗朗上口的识别制毒窝点顺口溜。这样一来,老百姓的警惕性提高了,成为公安机关禁毒的"千里眼""顺风耳",这场禁毒战将打得更加有效。

禁毒工作任重道远,在开展群众参与禁毒工作过程中还需注意三个要点,以更好地发挥全民参与禁毒的作用。

- 首先,群众参与禁毒工作要创新宣传教育模式

相较于传统的政府部门的宣传教育模式,群众参与禁毒工作更需求变创新,用最贴近群众的宣传教育活动,起到"渗透式"的禁毒效果。在丰富多彩的社区活动中加入"禁毒元素",宣传禁毒法律,普及禁毒知识,更容易得到群众的响应,在群众的口耳相传中,为更多人所接受;做到扩大禁毒宣传教育覆盖面,减少死角盲区,寓"禁"于乐,增强实效,使禁毒宣传教育工作不但能让人"入眼、入耳",更能深入人心。

- 其次，禁毒工作要充分发挥禁毒志愿者的积极作用

禁毒志愿者作为最庞大的禁毒工作群体，是禁毒工作的中坚力量。他们能时常与社区戒毒、社区康复人员谈心交流，还可以为他们解决生活难题，提供帮助，让吸毒者尽快走出吸毒阴影。家常式的交流，全方位的帮扶，稳定了吸毒者的心理，也让吸毒者看到生活的曙光。戒毒者的高复吸率一直是禁毒工作中的一个大问题，禁毒志愿者能够在日常生活中监督戒毒者是否复吸，在必要时，疏导吸毒者的心理，杜绝吸毒者日后复吸的可能。在开展全民禁毒工作当中，社区各种禁毒活动都少不了禁毒志愿者的参与和协助。因此，禁毒志愿者的广泛参与，是全面禁毒工作取得良好效果的有力保障。

- 最后，完善奖励机制，提高社区群众禁毒积极性

目前，有公安机关和一些地方出台了相应措施，奖励能够发现涉毒犯罪活动并举报的个人，并严密保护举报人的个人隐私，保障举报人的人身安全，这也是鼓励群众参与禁毒人民战争的一个很好的做法，因为专群结合是治理社会的重要手段。

二、整合禁毒资源，打好禁毒的人民战争

社区中蕴涵着禁毒治理的丰富资源，如人力、物力、财力、技术、信息等资源，为社区禁毒工作的开展提供了资源保证。这是我们在社区禁毒工作中必须注意开发、整合和充分利用的。

1. 树立和谐发展观，实现禁毒工作社会化

实现禁毒工作社会化这一根本性的转变，就是在全民共建和谐社会的历史条件下，创造性地坚持党的群众路线，广泛地发动群众，组织群众，依靠群众，实行群防群治。对社区禁毒来讲，就是依托社区这个由基本群

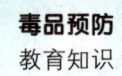

众组成的最基本的社会实体单元，走组织发动和依靠群众这一根本途径，把蕴藏在社区中的各种禁毒资源有机整合、调动起来，依靠各种社区组织和力量解决毒品问题。多年的禁毒斗争实践，使我们更加清醒地认识到，毒品问题作为当今社会的一大顽症，仅仅依靠专门力量开展禁毒工作远远不能适应斗争形势的需要。习近平总书记曾经在会见全国禁毒工作先进集体代表和先进个人时强调，要增强做好禁毒工作政治责任感，坚定不移打赢禁毒人民战争。因此，各地在治理毒品问题上，要动员全体民众参与。

禁毒工作的成效，很大程度上取决于人民群众是否真正发动起来，全民禁毒意识是否真正提高。开展社区禁毒，就是为了把任务分解、责任落实到基层，充分发挥基层党政组织和有关职能部门的积极性，使禁毒工作由单纯的政府主管部门的行为转变为全社会的行为，实现专门工作与群众路线相结合，形成由党委、政府负总责，各有关部门齐抓共管，广大人民群众积极参与的禁毒斗争格局，促进各项措施的全面落实。推进禁毒工作社会化，向社会民间领域发掘新的禁毒力量资源，建立禁毒工作新的"增长点"，可谓大势所趋。同时，创建"无毒社区"的活动，顺民心合民意，反映了广大群众的心声和愿望，符合在和谐的氛围中求发展的理念。从这个意义上讲，禁毒工作社会化是禁毒事业发展进程中的根本性转变。要实现这一根本性的转变，首先要树立人民群众是禁毒工作的主体和力量源泉的观念，确信警力有限、民力无穷，由过去主要依靠行政力量开展禁毒转变为在行政力量的主导下更充分地依靠社会力量开展禁毒；其次是加强调查研究，制定适应时代发展的禁毒战略，完善、引导和调动各种社会资源投入禁毒工作的相关政策，转变对禁毒工作的领导方式，形成禁毒工作运行的新机制。

2. 健全工作机构，实现基层禁毒组织体制的优化整合

第一，建立健全基层党团组织。确立基层党团组织的先锋领导地位，将离退休老人、流动人口、下岗失业人员中的党员、团员组织起来，成立

"党团员义务禁毒工作队",开展日常的学习、教育和社区公益活动,发挥党团员在基层禁毒宣传及社区公益事业中的积极作用。

第二,建立禁毒社会工作者队伍。对吸毒人员的帮教工作,涉及心理矫治、戒毒后续治疗、管理控制等各方面专业知识,因此有必要引进职业化、社会化、专业化、市场化机制,组建由社会工作者、教育、医疗以及基层服务人员参加的禁毒社会工作者队伍,作为社区禁毒指导、咨询机构,展开禁毒宣传、计划项目、监察毒品问题态势等各项工作。

第三,建立基层禁毒工作小组。在基层各居(村)委会建立片区民警、居(村)委会干部、志愿者组成的禁毒帮教小组,对易染人群或禁毒重点人群进行全面、有效的帮教。

第四,组建群众禁毒自治组织。基层禁毒工作只依靠禁毒工作小组是远远不够的,还必须动员、组织居民群众积极参与禁毒工作,吸收社区、村内热心禁毒工作的社会帮教志愿者、禁毒社会工作者、治安积极分子及吸毒人员家属等组成群众自治组织,如社区、村里的老干部、老战士、老专家、老模范、老居民。

第五,扩大组建禁毒志愿者队伍,最大限度地凝聚禁毒力量。通过基层禁毒联络专员与基层禁毒委员会及政府性禁毒组织协同作战。

3. 优化整合禁毒信息资源

优化整合基层的各种禁毒信息资源,就是要充分调动各方面的力量,构建灵活多样的群防群治情报网络。

首先,必须结合社会治安综合治理的预防犯罪信息系统,进一步完善基层禁毒信息的搜集和归类、入档制度,建立情况通报制度、分析预测制度、考核评估制度等;建立、完善基层禁毒基本信息库,以涉毒人员的身份证号码为依据进行社区禁毒信息网络传输、查询,准确掌握涉毒人员数量及状况,及时维护更新信息,保持数据准确、翔实、鲜活,初步形成吸毒人员动态管控机制,半年或不定期发表一次正式的研究报告,并对个案资料保密；及时发现常住人口中新增涉毒人员；掌握外逃涉毒人员的身份、行动信息；掌握社区中吸毒窝点、加工点、零售毒品交易场所等。目前，各地公安禁毒、治安、监管、刑侦、派出所以及司法劳教部门建立的吸毒人员动态信息已上网入库，实现了全国信息共享，为切实解决吸毒人员管理问题提供了准确的信息资源。

其次，在基层禁毒各主体之间建立长效合作机制，重点加强基层禁毒方面的警务现代化建设，社区、村的居民提供线索与情报，警方尽力找出社区、村内吸毒、贩毒地点及网络等，警方为居民提供禁毒专业宣传和包括禁毒方面的社区危机处理服务等。

最后，基层禁毒信息资源的现代化运作离不开社区禁毒信息传输网络系统的建立，信息时代呼唤数字化社区禁毒信息资源的开发、网上禁毒信息运作技术开发和网上禁毒服务项目开发等。同时，应建立禁毒举报奖励机制，鼓励、发动广大群众发现、挖掘毒品信息，为禁毒斗争服务。

4. 进一步整合基层禁毒人力资源

基层禁毒的人力资源是指参与社区、村禁毒的有关人员，如专门负责社区、村禁毒工作的是禁毒联络员，而禁毒医疗所的医务人员、禁毒帮教人员、片区民警、居（村）委会干部和禁毒社会工作者等，都是基层禁毒工作重要的人力资源。

首先，必须提高基层禁毒人员的素质，培养高素质的片区警务人员、服务志愿者、禁毒管理人员以及帮教人员等。

其次，在基层建设一支由社会工作者、传媒工作者、医药卫生工作者、心理咨询工作者、禁毒志愿者等自愿从事禁毒教育的积极分子组成的义务性禁毒教育队伍。这支队伍在各级禁毒领导机构的指导下，从事面向群众或特定对象的宣传教育工作。

最后，要形成基层专业禁毒力量，即公安禁毒队伍为龙头、以警务区和报警点为纽带、以治保会和联防队为基础、社区、村成员以及社会禁毒工作者广泛参与的社区禁毒网络。

5. 加大基层禁毒财力资源的投入

建立和完善以政府投入为主、多渠道筹措资金的基层禁毒资金保障机制。基层禁毒的费用按照不同的禁毒方式由不同主体支付，涉毒人员的尿检以及强制戒毒的费用，建议由政府统一支出，而自愿戒毒的费用由吸毒者自理、政府给予补助更为合理。

基层禁毒财力资源的整合主要涉及三方面：第一，政府的禁毒预算，这部分的政府投入既可以是直接的政府拨款、适当补助，也可以是对基层禁毒事业机构的政策扶持、税收优惠、贷款优先或人事政策倾斜等；第二，基层的民间筹资，通过广泛的禁毒宣传，鼓励基层的经济实体、个人以资金、实物、劳务等形式投入禁毒事业中；第三，建立基层禁毒基金，将来源于政府、基层禁毒基金资助的资金和社会的禁毒募捐以及公益服务收入结合起来，成立禁毒专项基金，创立各类基金组织和各种激励制度。禁毒资金必须切实加强管理，做到专款专用，不断提高使用效益。

禁绝毒品是一项长期而又艰巨的任务，我们必须在构建和谐社会的发展目标的前提下，积极探索禁毒工作的新思路，充分利用各种资源，做好全民禁毒工作，为构建和谐社会，创造一个健康向上、充满活力的社会环境而努力。

珍爱生命 远离毒品

第四章 知晓法律法规

第一节 禁毒法律法规

国家通过不同层级和效力的法律对不同的涉毒行为进行不同类型的规范，并以此形成禁毒工作的法律法规体系。我国现行的禁毒法律体系以《中华人民共和国禁毒法》（以下简称《禁毒法》）为专门的禁毒法典，构成禁毒法律体系的基础，以《中华人民共和国刑法》（以下简称《刑法》）和《中华人民共和国治安管理处罚法》（以下简称《治安管理处罚法》）为惩治毒品违法犯罪行为的主线；以行政法规和地方性法规等单行禁毒专门法律法规、我国加入的禁毒国际公约为具体内容；以非禁毒专门法所涉及的禁毒法律法规作为补充，形成了相互配套的禁毒法律法规体系。

一、我国禁毒法律法规

根据立法主体的不同,禁毒法律法规可作以下分类。

(1)全国人大及其常委会制定的法律。主要包括:《刑法》分则第六章第七节"走私、贩卖、运输、制造毒品罪"及第一百九十一条"洗钱罪"相关规定;《治安管理处罚法》第七十一条至第七十四条;以及《禁毒法》。此外,《药品管理法》第三十五条的规定,亦属于涉及毒品管制的禁毒法律。

(2)国务院制定的行政法规。主要包括《麻醉药品和精神药品管理条例》《易制毒化学品管理条例》《戒毒条例》《关于加强禁毒工作的意见》以及《娱乐场所管理条例》第十三条至第十四条所涉及的禁毒内容。

(3)国务院下属部委指定的部门规章。主要包括:国家卫生健康委员会《药品类易制毒化学品管理办法》、国家市场监督管理总局《戒毒药品管理办法》、司法部《司法行政机关强制隔离戒毒工作规定》以及公安部《公安机关强制隔离戒毒所管理办法》《易制毒化学品购销和运输管理办法》等。

(4)两院司法解释。主要包括:最高人民法院《关于审理毒品犯罪案件适用法律若干问题的解释》《全国法院毒品犯罪审判工作座谈会纪要》、最高人民检察院公诉厅《毒品犯罪案件公诉证据标准指导意见(试行)》等。

(5)其他法律规范性文件。此类文件数量较多,如最高人民检察院、公安部《关于公安机关管辖的刑事案件立案追诉标准的规定(三)》,公安部、商务部、卫健委、海关总署、应急管理部、国家市场监督管理总局《关于将羟亚胺列入＜易制毒化学品管理条例＞的公告》等。

(6)地方性法律文件。此类文件数量庞大,如《广东省禁毒条例》《上海市禁毒条例》《武汉市禁毒条例》等。

(一)《禁毒法》

《禁毒法》于2007年12月29日第十届全国人民代表大会常务委员会第三十一次会议通过,第七十九号国家主席令公布,自2008年6月1日起

第四章　知晓法律法规

施行,是目前规范我国禁毒工作的基本法律。《禁毒法》是为了应对毒品违法犯罪形势、适应禁毒工作发展需要,在总结多年来禁毒斗争实践经验、吸收国内外已有法律规定基础上,制定的第一步全面规范我国禁毒工作的重要法律。《禁毒法》的颁布与实施,进一步彰显了我国政府厉行禁毒的一贯立场和坚定决心,完善了我国预防和惩治毒品违法犯罪的法律体系,对于依法全面推进我国禁毒事业具有重要意义。

《禁毒法》共 7 章 71 条,遵循"专群结合"、预防与惩治相结合、教育与救治相结合的原则,明确了禁毒工作方针、领导体制、工作机制、保障机制、法律责任,规范了禁毒宣传教育、毒品管制、戒毒措施、国际合作等业务工作。

(二)《戒毒条例》

《戒毒条例》于 2011 年 6 月 22 日国务院第 160 次常务会议通过,6 月 26 日以国务院第 597 号令公布,自 6 月 26 日起实施。该条例共 7 章 46 条,主要包括戒毒保障机制、建立戒毒工作体系、细化戒毒法律责任、明确戒毒法规效力等几个方面的基本内容。该条例是为了落实《禁毒法》关于戒毒制度的指导性规定而制定的,目的在于"规范戒毒工作,帮助吸毒成瘾人员戒除毒瘾,维护社会秩序"。《戒毒条例》最主要的内容是规定了自愿戒毒、社区戒毒、强制隔离戒毒和社区康复的执行问题,从而解决了《禁毒法》的实际执行问题。其颁布充分体现了中国政府禁毒的决心和力度,将对规范戒毒工作,帮助吸毒成瘾人员戒除毒瘾,普及"爱生命、不吸毒"的禁毒意识,维护社会秩序,发挥重要作用,标志着我国戒毒法律制度体系的进一步完善。

(三)《刑法》

毒品犯罪被《刑法》第六章第七节归为一个类罪。《刑法》从第三百四十七条至第三百五十五条规定了 12 种具体的毒品犯罪行为。值得注意的是，在我国，并非所有涉及毒品的犯罪都是毒品犯罪。有一些犯罪可能涉及毒品，但并不属于第六章第七节规定的"走私、贩卖、运输、制造毒品罪"的内容范围内，因此不能归纳为严格意义上的毒品犯罪。这是因为毒品本身也是一种具有价值的实体，如果在涉及毒品的行为中并未触及社会管理秩序，那么就不能构成刑法意义上的毒品犯罪。

（四）《麻醉药品和精神药品管理条例》

《麻醉药品和精神药品管理条例》经 2005 年 7 月 26 日国务院第 100 次常务会议通过，自 2005 年 11 月 1 日起施行，共 9 章 89 条，分别对麻醉药品和精神药品的种植、实验研究、生产、经营使用、储存、运输、审批程序的监督管理，以及违反该条例所应承担的法律责任等作了规定。

该条例规定管制的药品目录由国务院药品监督管理部门会同国务院公安部门、国务院卫生主管部门制定、调整并公布。国务院药品监督管理部门应当组织医学、药学、社会学、伦理学和禁毒方面的专家成立专家组，由专家对申请首次上市的麻醉药品和精神药品的社会危害性和被滥用的可能性进行评估，并提出是否批准的建议。

二、毒品犯罪的法律规定

毒品犯罪是指违反国家和国际有关禁毒法律、法规，破坏毒品管制活动，应该受到刑罚处罚的犯罪行为。《联合国禁止非法贩运麻醉药品和精神药物公约》规定：毒品犯罪是指非法生产、制造、提炼、配制、兜售、分销、出售、交售、经纪、发送、过境发送、运输、进口或出口麻醉药品和精神药物、种植毒品原植物以及进行上述活动的预备行为和与之相关的危害行为。

三、我国《刑法》规定的毒品犯罪的罪名

（一）走私、贩卖、运输、制造毒品罪；

（二）非法持有毒品罪；

（三）包庇毒品犯罪分子罪；窝藏、转移、隐瞒毒品、毒赃罪；

（四）非法生产、买卖、运输制毒物品、走私制毒物品罪；

（五）非法种植毒品原植物罪；

（六）非法买卖、运输、携带、持有毒品原植物种子、幼苗罪；

（七）引诱、教唆、欺骗他人吸毒罪；强迫他人吸毒罪；

（八）容留他人吸毒罪；

（九）非法提供麻醉药品、精神药品罪。

◎ 走私、贩卖、运输、制造毒品罪

根据《刑法》第三百四十七条之规定，走私、贩卖、运输、制造毒品，有下列情形之一的，处十五年有期徒刑、无期徒刑或者死刑，并处没收财产：

（一）走私、贩卖、运输、制造鸦片一千克以上、海洛因或者甲基苯丙胺五十克以上或者其他毒品数量大的；

（二）走私、贩卖、运输、制造毒品集团的首要分子；

（三）武装掩护走私、贩卖、运输、制造毒品的；

（四）以暴力抗拒检查、拘留、逮捕，情节严重的；

（五）参与有组织的国际贩毒活动的。

走私、贩卖、运输、制造鸦片二百克以上不满一千克、海洛因或者甲基苯丙胺十克以上不满五十克或者其他毒品数量较大的，处七年以上有期徒刑，并处罚金。

走私、贩卖、运输、制造鸦片不满二百克、海洛因或者甲基苯丙胺不满十克或者其他少量毒品的，处三年以下有期徒刑、拘役或者管制，并处

罚金；情节严重的，处三年以上七年以下有期徒刑，并处罚金。

单位犯第二款、第三款、第四款罪的，对单位判处罚金，并对其直接负责的主管人员和其他直接责任人员，依照各该款的规定处罚。

利用、教唆未成年人走私、贩卖、运输、制造毒品，或者向未成年人出售毒品的，从重处罚。

对多次走私、贩卖、运输、制造毒品，未经处理的，毒品数量累计计算。

只要有走私、贩卖、运输、制造毒品行为的，不论走私、贩卖、运输、制造毒品数量多少，一律构成犯罪，予以刑事处罚。这一款的规定，体现了我国从严打击毒品犯罪的决心和力度。走私毒品是指携带、运输、邮寄毒品非法进出国、边境的行为；贩卖毒品是指非法销售毒品，包括批发和零售；以贩卖为目的收买毒品的；"运输"毒品是指利用飞机、火车、汽车、轮船等交通工具或者以随身携带的方法，将毒品从一地点运往另一地点的行为；制造毒品是指非法从毒品原植物中提炼毒品，利用化学分解、合成等方法制成毒品的行为。因为医疗、科研、教学的需要，依照国家法律、法规生产、制造、运输、销售麻醉药品、精神药品，不能适用本条规定。

◎ 非法持有毒品罪

根据《刑法》第三百四十八条之规定，非法持有鸦片一千克以上、海洛因或者甲基苯丙胺五十克以上或者其他毒品数量大的，处七年以上有期徒刑或者无期徒刑，并处罚金；非法持有鸦片二百克以上不满一千克、海洛因或者甲基苯丙胺十克以上不满五十克或者其他毒品数量较大的，处三年以下有期徒刑、拘役或者管制，并处罚金；情节严重的，处三年以上七年以下有期徒刑，并处罚金。

根据最高人民法院《关于适用〈全国人大常委会关于禁毒的决定〉的若干问题的解释》第三条的规定，非法持有毒品罪是指明知是鸦片、海洛因或者其他毒品，而非法持有且数量较大的行为。非法是指违反国家法律和国家主管部门的规定；持有是指占有、携有、藏有或者其他方式持有毒品的行为。非法持有鸦片二百克以上、海洛因十克以上或者其他毒品数量较大的，不能认定非法持有较大数量毒品是为了进行走私、贩卖、运输或者窝藏毒品犯罪的，构成非法持有毒品罪。如果有证据能够证明非法持有毒品是为了进行走私、贩卖、运输、窝藏毒品犯罪的，则应当定走私、贩卖、运输或者窝藏毒品罪。

◎ 包庇毒品犯罪分子罪：窝藏、转移、隐瞒毒品、毒赃罪

根据《刑法》第三百四十九条之规定，包庇走私、贩卖、运输、制造毒品的犯罪分子的，为犯罪分子窝藏、转移、隐瞒毒品或者犯罪所得的财物的，处三年以下有期徒刑、拘役或者管制；情节严重的，处三年以上十年以下有期徒刑。

缉毒人员或者其他国家机关工作人员掩护、包庇走私、贩卖、运输、制造毒品的犯罪分子的，依照前款的规定从重处罚。

犯前两款罪，事先通谋的，以走私、贩卖、运输、制造毒品罪的共犯论处。

包庇毒品犯罪分子罪，是指明知是走私、贩卖、运输、制造毒品的犯罪分子，而向司法机关作假证明掩盖其罪行，或者帮助其毁灭罪证，以使其逃避法律的制裁的行为。

窝藏、转移、隐瞒、毒品毒赃罪指的是行为人明知是毒品或者毒品犯罪所得的财物而为犯罪分子窝藏、转移、隐瞒的行为。窝藏、转移、隐瞒、毒品毒赃罪的犯罪对象是犯罪分子用作犯罪的毒品、毒赃。所谓毒品是指鸦片、海洛因、甲基苯丙胺、吗啡、大麻、可卡因以及国务院规定管制的其他能够使人形成瘾癖的麻醉药品和精神药品。毒赃，是指犯罪分子进行毒品犯罪所得财物，利用毒品违法犯罪所得的财物从事孳息或者经营活动所获取的财物，包括金钱、物品、股票、利息、股息、红利、用毒品犯罪

所得购置的房地产、经营的工厂、公司等。

◎ 非法生产、买卖、运输制毒物品、走私制毒物品罪

根据《刑法》第三百五十条之规定，违反国家规定，非法生产、买卖、运输醋酸酐、乙醚、三氯甲烷或者其他用于制造毒品的原料、配剂，或者携带上述物品进出境，情节较重的，处三年以下有期徒刑、拘役或者管制，并处罚金；情节严重的，处三年以上七年以下有期徒刑，并处罚金；情节特别严重的，处七年以上有期徒刑，并处罚金或者没收财产。

明知他人制造毒品而为其生产、买卖、运输前款规定的物品的，以制造毒品罪的共犯论处。

单位犯前两款罪的，对单位判处罚金，并对其直接负责的主管人员和其他直接责任人员，依照前两款的规定处罚。

非法生产、买卖、运输制毒物品罪，是指在没有通过正当的手续向相关部门申报审批获得生产经营许可及报相关单位备案的情况下，私自生产、交易、运输国家规定管制的可用于制造毒品的原料、配剂等物质。制造毒品的原料或者配剂是法律明文规定的是国家统一管制的醋酸酐、乙醚、三氯甲烷或者其他用于制造毒品的原料或配剂，其他主要是参照《联合国禁止非法贩运麻醉药品和精神药品公约》中附表所列的可用于制造毒品的化学物品，如麻黄碱、麦角新碱、麦角胺、麦角酸、伪麻黄碱、丙酮、邻氨基苯甲酸、苯乙醚等。

◎ 非法种植毒品原植物罪

根据《刑法》第三百五十一条之规定，非法种植罂粟、大麻等毒品原植物的，一律强制铲除。有下列情形之一的，处五年以下有期徒刑、拘役或者管制，并处罚金：

（一）种植罂粟五百株以上不满三千株或者其他毒品原植物数量较

大的；

（二）经公安机关处理后又种植的；

（三）抗拒铲除的。

非法种植罂粟三千株以上或者其他毒品原植物数量大的，处五年以上有期徒刑，并处罚金或者没收财产。

非法种植罂粟或者其他毒品原植物，在收获前自动铲除的，可以免除处罚。

非法种植毒品原植物罪，是指明知是罂粟、大麻、古柯树等毒品原植物而非法种植且数量较大；经公安机关处理后又种植；抗拒铲除毒品原植物的行为。明知是非法种植毒品原植物的人出售较大数量毒品原植物种子的，以非法种植毒品原植物罪论处。

◎ 非法买卖、运输、携带、持有毒品原植物种子、幼苗罪

根据《刑法》第三百五十二条之规定，非法买卖、运输、携带、持有未经灭活的罂粟等毒品原植物种子或者幼苗，数量较大的，处三年以下有期徒刑、拘役或者管制，并处或者单处罚金。

非法买卖、运输、携带、持有毒品原植物种子、幼苗罪，是指违反国家规定，非法买卖、运输、携带、持有未经灭活的毒品原植物种子或者幼苗，数量较大的行为。非法买卖是指以金钱或者实物作价非法购买、出售毒品原植物种子或者幼苗的行为；非法运输是指未经国家有关部门批准，私自从事毒品原植物种子或者幼苗运输的行为，包括国内运输和在国境、边境非法输入输出；非法携带、持有是指违反国家规定携带、藏有或者以其他方式携带、持有毒品原植物种子或幼苗的行为。

2016年4月6日最高人民法院《关于审理毒品犯罪案件适用法律若干问题的解释》第十条，非法买卖、运输、携带、持有未经灭活的毒品原植物种子或者幼苗，具有下列情形之一的，应当认定为刑法第三百五十二条

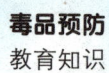

规定的"数量较大":

（一）罂粟种子50克以上、罂粟幼苗5000株以上的；

（二）大麻种子50千克以上、大麻幼苗5万株以上的；

（三）其他毒品原植物种子或者幼苗数量较大的。

◎ **引诱、教唆、欺骗他人吸毒罪；强迫他人吸毒罪**

根据《刑法》第三百五十三条之规定，引诱、教唆、欺骗他人吸食、注射毒品的，处三年以下有期徒刑、拘役或者管制，并处罚金；情节严重的，处三年以上七年以下有期徒刑，并处罚金。

强迫他人吸食、注射毒品的，处三年以上十年以下有期徒刑，并处罚金。

引诱、教唆、欺骗或者强迫未成年人吸食、注射毒品的，从重处罚。

引诱、教唆、欺骗他人吸毒罪，是指违反国家禁毒法规，以引诱、教唆、欺骗为手段，促使他人吸食、注射毒品的行为。这里的引诱是指以精神、金钱、物质及其他方法勾引、诱使、鼓吹、拉拢本无吸食毒品意愿的人吸食毒品的行为。教唆是指以怂恿、授意、挑拨、唆使的方法，鼓动本无吸食毒品意愿或意志不坚定的人吸食毒品。欺骗是指以编造虚假事实、掩盖毒品真相，使他人不知是毒品而吸食毒品的行为。只要实施了这三种行为中的任何一种，即可构成犯罪；如果对同一人人兼有引诱、教唆、欺骗等多种行为的，应按一罪论处，不应数罪并罚。

强迫他人吸毒罪是违背他人意志，使用暴力、胁迫和其他方法，迫使他人吸食毒品的行为。这里的暴力是指对他人身体进行强制和打击，如捆绑、殴打、伤害、拘禁等足以危及人身安全的手段，从而迫使他人吸毒；其他方法是指性质与暴力、胁迫手段相当的一切手段。以上三种，只要有任何一项发生，即构成强迫他人吸毒罪。

◎ 容留他人吸毒罪

根据《刑法》第三百五十四条之规定，容留他人吸食、注射毒品的，处三年以下有期徒刑、拘役或者管制，并处罚金。

容留他人吸毒，是指给吸毒者提供吸毒的场所。这里的提供包括了主动提供、应吸毒者的要求被动提供、有偿提供、无偿提供。容留他人吸毒的人数和次数的多少，持续时间的长短，不影响容留他人吸毒罪的成立。《最高人民检察院公安部关于公安机关管辖的刑事案件立案追诉标准的规定（三）》第十一条规定：提供场所，容留他人吸食、注射毒品，涉嫌下列情形之一的，应予立案追诉：

（一）容留他人吸食、注射毒品两次以上的；

（二）一次容留三人以上吸食、注射毒品的；

（三）因容留他人吸食、注射毒品被行政处罚，又容留他人吸食、注射毒品的；

（四）容留未成年人吸食、注射毒品的；

（五）以牟利为目的容留他人吸食、注射毒品的；

（六）容留他人吸食、注射毒品造成严重后果或者其他情节严重的。

◎ 非法提供麻醉药品、精神药品罪

根据《刑法》第三百五十五条之规定，依法从事生产、运输、管理、使用国家管制的麻醉药品、精神药品的人员，违反国家规定，向吸食、注射毒品的人提供国家规定管制的能够使人形成瘾癖的麻醉药品、精神药品的，处三年以下有期徒刑或者拘役，并处罚金；情节严重的，处三年以上七年以下有期徒刑，并处罚金。向走私、贩卖毒品的犯罪分子或者以牟利为目的，向吸食、注射毒品的人提供国家规定管制的能够使人形成瘾癖的麻醉药品、精神药品的，依照本法第三百四十七条的规定定罪处罚。

单位犯前款罪的，对单位判处罚金，并对其直接负责的主管人员和其

他直接责任人员,依照前款的规定处罚。

非法提供麻醉药品、精神药品罪,是指依法从事生产、运输、管理、使用国家管制的麻醉药品、精神药品的单位和人员,明知他人是吸食、注射毒品的人,而向其提供国家管制的麻醉药品、精神药品的行为。

比如医生为癌症病人开具并提供吗啡、杜冷丁等处方药,不属于非法提供麻醉药品、精神药品罪;如果医生或者有关的单位向吸毒人员人售卖吗啡、杜冷丁,即构成了非法提供麻醉药品、精神药品的犯罪行为。

四、我国有关禁毒的主要行政法规

《中华人民共和国治安管理处罚法》

2006年3月1日起施行的《中华人民共和国治安管理处罚法》中涉及毒品治安案件处罚规定如下:

第七十一条 有下列行为之一的,处十日以上十五日以下拘留,可以并处三千元以下罚款;情节较轻的,处五日以下拘留或者五百元以下罚款:

(一)非法种植罂粟不满五百株或者其他少量毒品原植物的;

(二)非法买卖、运输、携带、持有少量未经灭活的罂粟等毒品原植物种子或者幼苗的;

(三)非法运输、买卖、储存、使用少量罂粟壳的。

有前款第一项行为,在成熟前自行铲除的,不予处罚。

解释及细化标准:

有下列行为之一的,构成情节较轻,处五日以下拘留或者五百元以下罚款:

1.非法持有鸦片不满50克、海洛因或者甲基苯丙胺不满2克或者其他少量毒品[苯丙胺类毒品不满4克,大麻油不满200克,大麻脂不满400克,大麻叶及大麻烟不满6千克,可卡因不满2克,吗啡不满4克,杜冷丁不满 10 克，盐酸二氢埃托啡不满 0.2 毫克（针剂或者片剂）20 微克／支、片规格的十支、片，咖啡因不满 8 千克，罂粟壳不满 8 千克］的；

2. 初次向他人提供毒品的或虽无主观恶意但多次向吸毒人员提供毒品的（如吸毒人员家属出于无奈被迫为吸毒人员购买毒品供其吸食的）；

3. 初次吸食、注射毒品或无吸毒违法记录的；

4. 欺骗医务人员开具少量麻醉药品、精神药品且未造成后果的。

第七十二条 有下列行为之一的，处十日以上十五日以下拘留，可以并处二千元以下罚款；情节较轻的，处五日以下拘留或者五百元以下罚款：

（一）非法持有鸦片不满二百克、海洛因或者甲基苯丙胺不满十克或者其他少量毒品的；

（二）向他人提供毒品的；

（三）吸食、注射毒品的；

（四）胁迫、欺骗医务人员开具麻醉药品、精神药品的。

第七十三条 教唆、引诱、欺骗他人吸食、注射毒品的，处十日以上十五日以下拘留，并处五百元以上二千元以下罚款。

解释及细化标准：

教唆、引诱、欺骗他人吸食、注射毒品，尚不够追究刑事责任的，处十日以上十五日以下拘留，并处五百元以上二千元以下罚款。

第七十四条 旅馆业、饮食服务业、文化娱乐业、出租汽车业等单位的人员，在公安机关查处吸毒、赌博、卖淫、嫖娼活动时，为违法犯罪行为人通风报信的，处十日以上十五日以下拘留。

此外，《治安管理处罚法》还规定：各级公安机关及其人民警察对办理治安案件所查获的毒品、淫秽物品等违禁品，赌具、赌资、吸食、注射毒品的用具以及直接用于实施违反治安管理行为的本人所有的工具，要依法收缴，并向物品持有人出具收缴决定书。对收缴的违禁品要依法予以销毁，对其他物品要在拍卖或者变卖后，上缴国库。对间接用于实施违反治安管理行为的本人所有的工具,以及直接用于实施违反治安管理行为的他人所有的工具,不得收缴。

《全国人民代表大会常务委员会关于禁毒的决定》

(1990年12月28日第七届全国人民代表大会常务委员会第十七次会议通过)

为了严惩走私、贩卖、运输、制造毒品和非法种植毒品原植物等犯罪活动,严禁吸食、注射毒品,保护公民身心健康,维护社会治安秩序,保障社会主义现代化建设的顺利进行,特作如下规定:

一、本决定所称的毒品是指鸦片、海洛因、吗啡、大麻、可卡因以及国务院规定管制的其他能够使人形成瘾癖的麻醉药品和精神药品。

二、走私、贩卖、运输、制造毒品,有下列情形之一的,处十五年有期徒刑、无期徒刑或者死刑,并处没收财产:

(一)走私、贩卖、运输、制造鸦片一千克以上、海洛因五十克以上或者其他毒品数量大的;

(二)走私、贩卖、运输、制造毒品集团的首要分子;

(三)武装掩护走私、贩卖、运输、制造毒品的;

(四)以暴力抗拒检查、拘留、逮捕,情节严重的;

(五)参与有组织的国际贩毒活动的。

走私、贩卖、运输、制造鸦片二百克以上不满一千克、海洛因十克以上不满五十克或者其他毒品数量较大的,处七年以上有期徒刑,并处罚金。

走私、贩卖、运输、制造鸦片不满二百克、海洛因不满十克或者其他少量毒品的,处七年以下有期徒刑、拘役或者管制,并处罚金。

利用、教唆未成年人走私、贩卖、运输、制造毒品的,从重处罚。

对多次走私、贩卖、运输、制造毒品的,从未处理的,毒品数量累计计算。

三、禁止任何人非法持有毒品。非法持有鸦片一千克以上、海洛因五十克以上或者其他毒品数量大的,处七年以上有期徒刑或者无期徒刑,并处罚金;非法持有鸦片二百克以上不满一千克、海洛因十克以上不满五十克或者其他毒品数量较大的,处七年以下有期徒刑、拘役或者管制,可以并处罚金;非法持有鸦片不满二百克、海洛因不满十克或者其他少量毒品的,依照第八条第一款的规定处罚。

四、包庇走私、贩卖、运输、制造毒品的犯罪分子的,为犯罪分子窝藏、转移、隐瞒毒品或者犯罪所得的财物的,掩饰、隐瞒出售毒品获得财物的非法性质和来源的,处七年以下有期徒刑、拘役或者管制,可以并处罚金。

犯前款罪事先通谋的,以走私、贩卖、运输、制造毒品罪的共犯论处。

五、对醋酸酐、乙醚、三氯甲烷或者其他经常用于制造麻醉药品和精神药品的物品,应当依照国家有关规定严格管理,严禁非法运输、携带进出境。非法运输、携带上述物品进出境的,处三年以下有期徒刑、拘役或者管制,并处罚金;数量大的,处三年以上十年以下有期徒刑,并处罚金;数量较小的,依照海关法的有关规定处罚。

明知他人制造毒品而为其提供前款规定的物品的,以制造毒品罪的共犯论处。

单位有前两款规定的违法犯罪行为的,对其直接负责的主管人员和其他直接责任人员,依照前两款的规定处罚,并对单位判处罚金或者予以罚款。

六、非法种植罂粟、大麻等毒品原植物的,一律强制铲除。有下列情形之一的,处五年以下有期徒刑、拘役或者管制,并处罚金:

(一)种植罂粟五百株以上不满三千株或者其他毒品原植物数量大的;

(二)经公安机关处理后又种植的;

(三)抗拒铲除的。

非法种植罂粟三千株以上或者其他毒品原植物数量大的,处五年以上有期徒刑,并处罚金或者没收财产。

非法种植罂粟不满五百株或者其他毒品原植物数量较小的，由公安机关处十五日以下拘留，可以并处三千元以下罚款。

非法种植罂粟或者其他毒品原植物，在收获前自动铲除的，可以免除处罚。

七、引诱、教唆、欺骗他人吸食、注射毒品的，处七年以下有期徒刑、拘役或者管制，并处罚金。

强迫他人吸食、注射毒品的，处三年以上十年以下有期徒刑，并处罚金。

引诱、教唆、欺骗或者强迫未成年人吸食、注射毒品的，从重处罚。

八、吸食、注射毒品的，由公安机关处十五日以下拘留，可以单处或者并处二千元以下罚款，并没收毒品和吸食、注射器具。

吸食、注射毒品成瘾的，除依照前款规定处罚外，予以强制戒除，进行治疗、教育。强制戒除后又吸食、注射毒品的，可以实行劳动教养，并在劳动教养中强制戒除。

九、容留他人吸食、注射毒品并出售毒品的，依照第二条的规定处罚。

十、根据医疗、教学、科研的需要，国家卫生行政主管部门依照法律、行政法规的规定，可以指定特定的地方和制药厂，种植、生产限定数量的毒品原植物和麻醉药品、精神药品。依法从事生产、运输、管理、使用国家管制的麻醉药品、精神药品的单位和人员，必须严格遵守国家关于麻醉药品、精神药品的管理规定。

依法从事生产、运输、管理、使用国家管制的麻醉药品、精神药品的人员违反国家规定，向吸食、注射毒品的人提供国家管制的麻醉药品、精神药品的，处七年以下有期徒刑，或者拘役，可以并处罚金。向走私、贩卖毒品的犯罪分子或者以牟利为目的，为吸食、注射毒品的人提供国家管制的麻醉药品、精神药品的，依照第二条的规定处罚。

单位有第二款规定的违法犯罪行为的，对其直接负责的主管人员和其他直接责任人员，依照第二款的规定处罚，并对单位判处罚金。

十一、国家工作人员犯本决定规定之罪的，从重处罚。

因走私、贩卖、运输、制造、非法持有毒品罪被判过刑，又犯本决定规定之罪的，从重处罚。

十二、对查获的毒品、毒品犯罪的非法所得以及非法所得所获得的收益、供犯罪使用的财物，一律没收。没收的毒品和吸食、注射毒品的器具，依照国家规定销毁或者作其他处理。罚没收入一律上缴国库。

十三、中华人民共和国公民在中华人民共和国领域外犯走私、贩卖、运输、制造毒品罪的，适用本决定。

外国人在中华人民共和国领域外犯前款罪进入我国领域的，我国司法机关有管辖权，除依照我国参加、缔结的国际公约或者双边条约实行引渡的以外，适用本决定。

十四、犯本决定规定之罪，有检举、揭发其他毒品犯罪立功表现的，可以从轻、减轻处罚或者免除处罚。

十五、公民对本决定所规定的违法犯罪行为有检举、揭发的义务。国家对检举、揭发走私、贩卖、运输、制造毒品等犯罪活动的人员以及禁毒工作中有功的人员，给予奖励。

十六、本决定自公布之日起施行。

五、毒 驾

近些年来，全国发现的毒驾肇事肇祸案件数量呈逐年攀升趋势。毒驾是非常危险的，吸食毒品人员在吸毒后，所产生的精神极端亢奋、妄想、幻觉等状况，会导致其脱离现实场景，判断力低下甚至完全丧失判断，存在安全驾驶的隐患。但是，现有法律法规并未对"毒驾"设定相应的法律责任。在具体实践中，毒驾没有造成严重后果的，可以依照《禁毒法》《治安管理处罚法》等对毒驾者的吸毒行为进行处罚：行政拘留、社区戒毒、社区康复及强制戒毒；公安机关还可以根据《公安部令第 123 号》第六十七条的规定：机动车驾驶人具有下列情形之一的，车辆管理所应当注销其机动车驾驶证：（六）被查获有吸食、注射毒品后驾驶机动车行为，正在执行社区戒毒、强制隔离戒毒、社区康复措施，或者长期服用依赖性精神药品成瘾尚未戒除的。毒驾造成严重后果且在事故中负主要责任以上的，可以根据《刑法》规定的交通肇事罪进行量刑。

根据我国《刑法》第 133 条规定，违反交通运输管理法规，因而发生重大事故，致人重伤、死亡或者使公私财产遭受重大损失的，处三年以下有期徒刑或者拘役；交通运输肇事后逃逸或者有其他特别恶劣情节的，处三年以上七年以下有期徒刑；因逃逸致人死亡的，处七年以上有期徒刑。

《最高人民法院关于审理交通肇事刑事案件具体应用法律若干问题的解释》规定交通肇事具有下列情形之一的，处三年以下有期徒刑或者拘役：

（一）死亡一人或者重伤三人以上，负事故全部或者主要责任的；

（二）死亡三人以上，负事故同等责任的；

（三）造成公共财产或者他人财产直接损失，负事故全部或者主要责任，无能力赔偿数额在三十万元以上的。

交通肇事致一人以上重伤，负事故全部或者主要责任，并具有下列情形之一的，以交通肇事罪定罪处罚：

（一）酒后、吸食毒品后驾驶机动车辆的；

（二）无驾驶资格驾驶机动车辆的；

（三）明知是安全装置不全或者安全机件失灵的机动车辆而驾驶的；

（四）明知是无牌证或者已报废的机动车辆而驾驶的；

（五）严重超载驾驶的；

（六）为逃避法律追究逃离事故现场的。

交通肇事具有下列情形之一的，属于"有其他特别恶劣 情节"，处三年以上七年以下有期徒刑：

（一）死亡二人以上或者重伤五人以上，负事故全部或者主要责任的；

（二）死亡六人以上，负事故同等责任的；

（三）造成公共财产或者他人财产直接损失，负事故全部或者主要责任，无能力赔偿数额在六十万元以上的。

吸毒后驾车，造成严重后果的，也可以以危害公共安全罪进行处罚。

歌手盖某在无驾驶证的情况下，违反车辆限行规定，吸食冰毒后驾驶奥迪R8汽车行驶至某市大悦城附近，遇到交警检查。盖某因为毒驾和无证驾驶，为逃避交警检查，盖某驾车冲撞护栏加速逆行逃离现场，致交警受伤。在逃离过程中，致驾驶电动自行车的群众受伤，并且使附近车辆以及隔离护栏都受到了损害。后来，盖某意识到自己跑不了了，于是便选择了投案自首。

针对此事件，盖某被公诉机关以危险方法危害公共安全提起公诉。法院审理认定，盖某具有吸毒后驾驶车辆、无证驾驶套牌车辆等情节，且在人流量、车流量大的朝阳大悦城地段冲撞护栏逃离，足见其人身危险性和行为的社会危害性。其行为造成两人轻微伤、财产损失数额较大的后果，触犯了刑法，已构成以危险方法危害公共安全罪，应从重处罚。鉴于盖某主动投案，家属已赔偿相关被害人及被害单位的经济损失，得到谅解，且被告人盖某当庭承认指控的全部犯罪事实，愿意接受处罚，法院依法对盖某的犯罪行为予以从轻处罚——犯以危险方法危害公共安全罪，被判处有期徒刑四年六个月。

目前，国家禁毒办、公安部就"毒驾入刑"问题已经与全国人大法工委、最高人民法院等部门进行多次沟通，赴各地开展调研，研究论证毒驾行为的法律适用意见，推动《刑法》修订案中增加关于毒驾的相关条款。

第二节　禁毒国际公约

毒品问题不是一个国家或民族的问题，而是全世界和人类所面临的共同挑战。全世界各国应当紧密团结在一起，携手应对毒品问题。为了应对毒品问题，体现大国担当，我国积极加入了三大禁毒国际公约：《1961年麻醉品单一公约》《1971年精神药物公约》《联合国禁止非法贩运麻醉药品和精神药品公约》。

一、《1961年麻醉品单一公约》

《1961年麻醉品单一公约》是联合国经济及社会理事会召开的麻醉品单一公约全权代表会议于1961年3月30日通过的公约，是目前有关药物管制最主要的国际公约。该公约旨在使麻醉品的使用局限于医疗和科研目的，并防止其被转移和滥用，确保为合法目的可以获得麻醉品。公约中包括对种植用作麻醉品原料来源的植物的管制措施、关于国家当局对生产、制造、交易和销售麻醉品采取管制措施的义务的规定，以及关于成瘾者的医疗和康复的规定。1972年根据形势发展的需要，各国又签订了《修订1961年麻醉品单一公约议定书》，根据议定书对公约作了修订。

1985年6月18日，第六届全国人民代表大会常务委员会第十一次会议决定：中华人民共和国加入《修订一九六一年麻醉品单一公约》（以下简称《单一公约》），并同时声明对公约的第四十八条第二款予以保留。

截至 1988 年 3 月，有 100 种药品被列入公约的表Ⅰ，10 种药品被列入表Ⅱ，列入表Ⅲ的是 12 种药品的制剂，对以上三类麻醉品进行国际管制的严格程度从表Ⅰ到表Ⅲ依次递减；表Ⅲ列入 6 种具有特别危险性的麻醉品：海洛因，印度大麻和印度大麻树脂、埃托啡、乙酰氧戊甲吗啡，二氢去氧吗啡，酚哌丙酮，需对它们进行严格的管制或予以禁止。

截至 2005 年，在全国有 181 个成为《修订 1961 年麻醉品单一公约议定书》的缔约方，有 3 个国家为《1961 年麻醉品单一公约》的缔约方。

二、《1971 年精神药物公约》

为了人类的健康与福利，解决因滥用精神药物而引起的社会问题，预防并制止精神药物的滥用和非法生产和销售，厘清精神药物在临床医学与科学中的正确应用与滥用的界限。联合国于 1971 年 2 月 21 日通过了《1971 年精神药物公约》。

1985 年 6 月 18 日，第六届全国人民代表大会常务委员会第十一次会议决定：中华人民共和国加入《1971 年精神药物公约》（以下简称《药物公约》），并同时声明对公约的第三十一条第二款予以保留。

《药物公约》将精神药物按有害程度及管制程度列入四个表：表Ⅰ列入各种致幻剂与四氢大麻酚等共 22 种，对这类药物的管制最严格，它们不可以被用于医疗，只能用于科学研究；表Ⅱ列入安眠酮（甲喹酮），司可巴妥、苯丙受类，利他林（哌甲酯），苯环己哌啶、甲苯吗啡等 13 种，对它们的管制程度稍微降低；表Ⅲ有中效巴比妥类，镇痛新（喷他佐辛）等 7 种；表Ⅳ列入长效巴比妥类、眠尔通（甲丙氨酯）、哌苯甲醇和苯二氮类共 57 种。

公约要求签约国的限制这类药品的可获得性，合理使用的时候，必须要有医生的处方才能获得；严格控制精神药物的广告宣传，建立监督和颁发许可证制度；对精神药物的合理医疗使用和科研应用建立统计制度；限制精神药物的非法贸易；向非法贩卖毒品斗争，采取有效措施减少药物滥用；开展国际合作，协调有关行动。

三、《联合国禁止非法贩运麻醉药品和精神药品公约》

麻醉药品和精神药物的非法生产、需求及贩运的巨大规模和上升趋势，构成了对人类健康和幸福的严重威胁，并对社会的经济、文化及政治基础带来了不利影响，在世界许多地区，儿童被当成毒品消费者市场，并被利用进行麻醉药品和精神药物的非法生产、分销和买卖，从而造成严重到无法估量的危害。非法贩运麻醉药品和精神药物往往与有组织的犯罪活动紧密结合，损害着正当合法的经济，危及各国的稳定、安全和主权。为了应对这些问题，联合国于1988年12月19日通过了《禁止非法贩运麻醉药品和精神药物公约》，也称《维也纳公约》。

1989年9月4日，第七届全国人民代表大会常务委员会第九次会议决定：批准中华人民共和国代表顾英奇于1988年12月20日签署的《联合国禁止非法贩运麻醉药品和精神药物公约》，同时声明，不受该《公约》第三十二条第二款和第三款的约束。

《联合国禁止非法贩运麻醉药品和精神药品公约》共34条、132款，就国际间非法贩运麻醉药物和精神药物的司法管辖、处罚，缔约国间以及与国际专门组织间的合作与协调，做出了明确的规定，要求缔约国履行。